21世纪体育系列教材 ● 西南区体育教材教法研究会教材编审委员会审定

羽毛球 网球

YUMAOQIU WANGQIU

主　编　邱　勇　郭立亚　张莉斌

副主编　李　涛　查明艺　王贵军

　　　　程明霞　任三三　吴绍奎

参　编　吴　卫　喻　强　李　军　华　新　张　松

　　　　裴　岚　黎　利　王巧玲　者胜祥　张晓峰

北京师范大学出版集团
BEIJING NORMAL UNIVERSITY PUBLISHING GROUP
北京师范大学出版社

图书在版编目(CIP)数据

羽毛球 网球/邱勇，郭立亚，张莉斌主编 . —北京：北京师范大学出版社，2011.9(2025.8 重印)

ISBN 978-7-303-13299-7

Ⅰ.①羽… Ⅱ.①邱… ②郭… ③张… Ⅲ.①羽毛球运动—高等学校—教材 ②网球运动—高等学校—教材 Ⅳ.①G847

中国版本图书馆 CIP 数据核字(2011)第 160546 号

出版发行：北京师范大学出版社 https：//www.bnupg.com
　　　　　北京市西城区新街口外大街 12-3 号
　　　　　邮政编码：100088
印　　刷：北京虎彩文化传播有限公司
经　　销：全国新华书店
开　　本：730 mm×980 mm　1/16
印　　张：13.25
字　　数：275 千字
版　　次：2011 年 9 月第 1 版
印　　次：2025 年 8 月第 7 次印刷
定　　价：29.80 元

策划编辑：周光明　　　　　　　责任编辑：周光明
美术编辑：高　霞　　　　　　　装帧设计：华鲁印联
责任校对：陈　民　　　　　　　责任印制：赵　龙

西南区体育教材教法研究会理事会成员名单

于贵和（贵州大学）

邱　勇（贵州大学）

谭　黔（遵义师范学院）

李建荣（毕节学院）

雷　斌（贵州电子职院）

周　跃（云南昭通师专）

肖谋远（西南民族大学）

王　平（铜仁学院）

黄平波（凯里学院）

党云辉（思茅师专）

李　黔（六盘水师专）

张　龙（六盘水师专）

杨庆辞（保山师专）

薛　斌（云南师范大学商学院）

左文泉（云南师范大学）

余　斌（贵州财经学院）

张兴毅（兴义民族师范学院）

李　英（西藏民族学院）

何德超（遵义师范学院）

颜　庆（遵义师范学院）

教材编审委员会

主　任　孟　刚（兼）（贵州师范大学）

副主任　王洪祥（兼）（昆明学院）

　　　　郭　颂（兼）（贵州民族学院）

　　　　姚　鑫（兼）（贵州师范大学）

　　　　陈雪红（兼）（楚雄师范学院）

　　　　吕金江（兼）（曲靖师范学院）

　　　　于贵和（兼）（贵州大学）

　　　　梁　健（兼）（红河学院）

前言

　　《羽毛球 网球》是体育院校羽毛球、网球普修课学生专业用书，是西南区（云、贵、川、渝）体育教材教法研究会（羽毛球 网球）材料小组根据西南地区体育院校教学计划培养目标和羽毛球、网球课程教学大纲规定的具体教学任务、教学时数、教学内容及考核要求撰写和串编完成。本教材总结云、贵、川、渝体育院校羽毛球、网球教学实践，借鉴和吸收了国内外羽毛球、网球先进理论和实践经验，并针对羽毛球、网球课时较少的特点，在教材编写中突出学生掌握基本技术知识，适当掌握基本战术和裁判知识的原则。

　　本教材是由西南区（云、贵、川、渝）体育教材教法研究会组织专家、教授、专业人员经过多次认真讨论、研究并最终编写完成的。该书由邱勇、郭立亚、张莉斌、查明艺、王贵军、李涛、任三三、程明霞、者胜祥、喻强、吴绍奎、张晓峰、张松、裴岚、黎利、吴卫、李军、华新、王巧玲等编写，统编由邱勇完成。

　　本教材是北京师范大学出版社联合西南区（云、贵、川、渝）体育教材教法研究会策划出版的系列教程之一。编写过程中得到了郭立亚教授、孟刚教授以及北京师范大学出版社编辑人员的悉心指导和大力支持，为此深表谢意！对于在本教材中未标明的被引用者的姓名和著作的出处，我们表示歉意并表示感谢。

　　由于时间紧迫，我们的水平、经验有限，书中错误或不妥之处在所难免，我们真诚地希望广大师生和专家读者对本教材提出宝贵意见！

编　者

2011 年 4 月 10 日

目录 Contents

上篇　羽毛球

下篇　网　球

羽
·
毛
·
球
·
网
·
球

上篇 羽毛球

第一章 羽毛球运动概述

本章要点

本章共三节，介绍了羽毛球运动的起源和发展，世界及中国羽毛球运动的发展概况。

羽毛球运动是一项室内外均可进行的小型球类活动。一方面简便易行、竞技性和娱乐性较强、锻炼价值较高；另一方面具有深厚文化底蕴、属性高雅，符合人们追求时尚、关注健康需求的心理，以其快速、灵敏、力量、飘逸和无尽变化等魅力传遍五洲四海。在我国大力开展全面健身活动的背景下，越来越成为大众青睐的运动项目之一。在此基础上，我国的羽毛球运动也已达到高超的竞技水平，在各种世界性比赛中屡屡夺冠，其发展前景十分广阔。

第一节 羽毛球运动的起源和发展

一、羽毛球运动的起源

据《大不列颠百科全书》记载："2000多年前，原始的羽毛球游戏活动在世界一些地区就流行了。"根据时间、影响及已有"现代羽毛球运动"一说，把羽毛球运动起源划分为"古代羽毛球游戏"和"现代羽毛球运动"。

（一）古代羽毛球游戏

1. 中国古代的游戏

据我国《民族体育集锦》记载："相传，中国在远古时期就有类似羽毛球活动的存在，其玩法、性质以及所用的一些器材，同世界上较早有这项活动的国家相比没有太大的差异，只是在对这种游戏活动的称呼上不同而已。"现在贵州的苗族，仍以木板拍击鸡毛毽为游戏，俗称"板羽球"。由于缺少文字的相关记载，所以我们难以准确考证这项活动起源于我国的时间。

2. 日本的"追羽根"

日本贞享二年（1685 年）的时候，日本女子在新年正月里，常一面歌唱似的数数，一面用羽子板做一种"追羽根"的游戏，这种游戏与今日的羽毛球类似。当时的球拍为木质，球是用樱桃核插上羽毛做成，球太重、飞行速度太快，球极易损坏，加之造价太高，所以这种游戏流行的时间不长便消失了。

3. 印度人的乡土游戏

印度人时常做一种名叫"扑那"（Poona）的游戏，这种游戏的起源据说是 1820 年，在印度孟买城的一条名叫 Poona 街道的居民，做一种类似今日羽毛球运动的游戏，以绒线编织成球形，上插羽毛，人手持木拍，隔网将球在空中来回对击。以后逐渐普及全印度及全世界，因此今日的羽毛球运动，又被称为印度人的游戏（Indian game）。

（二）现代羽毛球运动

1870 年英国格罗特郡（Glouestershire）伯明顿（Badminton）村的波福特公爵，在自己的庄园中，接待由印度返英度假的英国军官，由于当时天气太坏，不能外出活动，时间长了，大家感到单调无聊，于是他们中一位印度退役军人便提议在家里玩印度带来的"扑那"，这种游戏即是今日羽毛球运动的前身。当时的羽毛球是一个毽子，而网球拍则当作毽子板，以后毽子板与毽子逐渐改良，乃成为今日的球拍与羽毛球。因这项活动极富趣味性，很快就风行开来。此后，这种室内游戏迅速传遍英国，人们便提议以当时的伯明顿庄园的英文名称命名这项游戏，"伯明顿"（Badminton）即成为英文羽毛球的名字。

二、羽毛球运动的发展

（一）羽毛球规则的演变

羽毛球游戏刚兴起时，没有人数、分数和场地的限制，练习者只需要互相对击，现代羽毛球从伯明顿庄园开始，有了一定的分数、场地、人数限制，1875 年，第一本羽毛球规则的书在英国问世。当时的规则很简单，规定了场地呈长方形，中间挂网的高度，双方对击的要求，并没有单打、双打的区分。随着人们观赏水平的提高及技术、战术的发展，规则也随之变化，出现了单、双打场地区分及发球区的规定，发球得分及发球得分后的换区等规则。如今国际羽联制定新的规则，特别是对比赛时间加以限制，实行 21 分制等新规则，力求使羽毛球比赛更加紧张激烈、精彩纷呈。

（二）羽毛球运动设备的更新

羽毛球运动设备也是从原始的低级阶段向高级阶段发展的。羽毛球从开始时的硬纸板和绒线团发展到木托用皮包起来，再发展到用 16 根高级羽毛插在软木托口；羽毛球拍从木板发展成椭圆形穿弦木拍。后来，规则规定球拍重95～120克，拍框长 25～25.5 厘米，宽 20～20.5 厘米，拍柄长 39.5～40 厘米，其制作材料也发展成木框钢管拍、铝合金拍、碳素纤维拍等。

（三）世界羽毛球运动组织

1875 年，第一个军人羽毛球俱乐部在英国成立。1893 年，英国已有 14 个羽毛球俱乐部，它们举行会议，正式成立了英国羽毛球协会。当时，英国羽毛球协会对羽毛球运动的开展、提高和传播起了积极的推动作用。这项运动首先在欧洲传播，然后发展到美洲、亚洲和大洋洲。20 世纪二三十年代，加拿大、丹麦、马来西亚等国也相继成立了羽毛球协会。

为了推动世界羽毛球运动的发展，1934 年，由英格兰、法国、爱尔兰、苏格兰、荷兰、加拿大、丹麦、新西兰和威尔士九个羽毛球协会共同协商成立了国际羽毛球联合会（简称国际羽联）。第一任主席是汤姆斯，总部设在伦敦。国际羽联的成立对羽毛球技战术的发展起了促进作用，除了传统的"全英羽毛球锦标赛"照常举行外，在 1948 年增设了汤姆斯杯赛（世界男子团体锦标赛），1956 年增设了尤伯杯赛（世界女子团体锦标赛），并相继举办了世界羽毛球锦标赛、世界杯赛等，使世界羽毛球运动又向前迈进了一大步。由于政治原因，以我国为首的许多国家的羽毛球协会未能加入国际羽联，使一些国际性比赛相对逊色，没能真正体现世界级水平。

1978 年，在中国香港成立了世界羽毛球联合会（简称世界羽联），先后举办了两届世界羽毛球锦标赛，我国共荣获 8 项冠军，表明我国羽毛球运动已达到世界最高水平。为了推动世界羽毛球运动健康、稳步的发展，经过许多国家羽毛球界的共同努力，1981 年，国际羽联和世界羽联正式合并，组成了国际羽毛球联合会（简称国际羽联），使世界羽毛球运动产生了新的飞跃，出现了欣欣向荣、生机勃勃的景象。目前，国际羽联已有 94 个国家和地区参加，国际奥委会已把羽毛球比赛列入奥运会的正式比赛项目，羽毛球运动出现了前所未有的最佳发展时机。

第二节　世界羽毛球运动的发展概况

一、世界羽毛球运动多元化格局的形成

1934 年，由加拿大、丹麦、英国、法国、爱尔兰、荷兰、新西兰、苏格兰和威尔士发起了国际羽毛球联合会，总部设在伦敦。从此，羽毛球国际比赛日渐增多。技术与战术的发展也从简单到全面，从全面到快速灵活，从快

速灵活到多变，其中产生了几次飞跃。

第一次飞跃是在开创时期，这一时期英国选手垄断整个世界羽坛，从现在的技术角度看他们的技术比较单一，几乎没有战术变化，但是他们的技术水平一直处于领先地位，为羽毛球运动传播到全世界立下了头功。直到1939年，在第36届全英锦标赛上，丹麦、加拿大等国选手以良好的体力和进攻型战术向英国选手发起了挑战，打破了英国选手称霸羽坛的局面，英国选手仅获一枚混双金牌；第37、38届全英锦标赛冠军全由丹麦选手包揽。

第二次飞跃是在20世纪50年代至60年代中期，这是羽毛球的技术与战术全面发展的时期，男子技术优势从欧洲全面转向亚洲，形成了亚洲人在世界羽坛上称雄的局面。50年代，以马来西亚、印度尼西亚为代表，他们主要以拉、吊来控制球的落点，主要代表人物是马来西亚的王炳顺、庄友明。他们使马来西亚接连三次获得汤姆斯杯赛冠军，包揽1950～1957年8届全英羽毛球锦标赛单打冠军和1951～1954年4届双打冠军。从1958年开始，羽毛球技术开始向快速、灵活的方向发展，以印度尼西亚的陈友福为代表，以较快的速度运用下压抢网和加强扣杀上网的技术打败了以技术性为代表的打法，从此开创了印度尼西亚控制世界羽坛的局面。从1958～1979年，印度尼西亚共七次捧得汤姆斯杯。在这一时期，中国虽然没有参加正式世界比赛，但技术与战术水平提高得很快，达到了世界先进水平，以汤仙虎、侯加昌为代表的中国选手体现了快攻打法特点。快攻打法除了脚步移动快，还可以在后场跳起扣杀后快速上网高点击球、两边起跳突击、发球抢攻，他们"快、狠、准、活"的技术风格，推动了世界羽毛球运动的发展。从此，中国的快攻技术开始被国际羽坛所接受。到60年代末70年代初，在研究中国技术特点的基础上，世界羽坛注重了速度和进攻，发展了新技术，出现了以印度尼西亚梁海量为代表的劈杀技术，以林水镜为代表的双脚起跳扣球技术，使世界羽毛球技术水平迅速提高。

第三次飞跃是20世纪80年代，世界羽坛技术与战术向快速进攻、全面、多变的方向发展，以中国、印度尼西亚、印度、丹麦、马来西亚、韩国为代表的各国选手打法更全面，变化更多，速度更快，特长突出，攻守兼备而各领风骚，技术已达到炉火纯青的地步，进入了世界羽毛球运动史上的巅峰期。80年代初，代表人物有林水镜、韩健、栾劲、苏吉亚托、普拉卡什、费罗斯特、陈昌杰等。最为突出的典型是林水镜，他速度快、进攻凶狠，而费罗斯特、韩健则以控制对方后场的进攻、加强防守、创造条件抢攻而闻名。80年代中后期，代表人物有杨阳、赵剑华、熊国宝、罗天宁、阿迪、魏仁芳、拉·西德克、朴柱奉、霍那、拉尔森等。杨阳、赵剑华将"快、狠、准、灵"

的打法发展成拉、吊进攻和变速突击的打法；阿迪、魏仁芳发展了技术全面、快速、准确的打法。到了90年代，新的技术又开始形成。印度尼西亚年轻集团军和韩国的凶狠拼杀作风、马来西亚西德克兄弟的拉、吊技术以及中国吴文凯、孙俊为代表的快攻型打法在世界羽坛上各领风骚。

如今男子羽坛以林丹、李宗伟、陶菲克、盖德等为代表的一批优秀运动员的技术表现为全面、快速、进攻手段丰富、过渡球处理合理、防守稳健等特点，这使他们成为这个时期羽毛球运动的代表人物。

世界女子羽毛球运动起步较晚，它的技术也是随着男子的技术提高而提高的。20世纪40年代末至50年代初，丹麦女子选手的技术领先一步，她们获得全英羽毛球锦标赛七项单打冠军、五次双打冠军，到了50年代中期至60年代中期，美国女选手吸收了男子快攻、拉吊等羽毛球打法，竞技实力显著增强，从1954~1967年的14届全英锦标赛，她们获得了13次女单冠军，并获3届尤伯杯赛冠军。60年代末期，日本女队在进攻的基础上加强了防守，以严密的防守，寻找进攻机会，从而显示了相当的优势。她们从1965~1981年接连5次获得尤伯杯冠军，6次获全英锦标赛女单、女双冠军。

中国女子羽毛球从20世纪50年代起步，60年代达到世界先进水平。当时以陈玉娘、梁小牧、梁秋霞为代表的中国女选手，学习男子技术动作，以快攻、灵巧的技术在各种场合击败过世界冠军。到了80年代，中国女子羽毛球队和男子队一样，全面走向世界，以张爱玲、李玲蔚、韩爱萍等为代表的中国女队，技术全面、打法多变，主动积极、快速突击性强，开创了世界女子羽毛球技术与战术的全盛时期。90年代出现了以中国的唐九红、黄华、叶钊颖和印度尼西亚的王莲香、韩国的方珠贤等为代表的世界级优秀选手，表明女子技术动作更接近男子，比赛更加紧张激烈。

纵观世界羽坛，世界羽毛球运动技术与战术发展总趋势正在向"快速、全面、进攻和多拍"方向发展，快速反映在出手动作、步法移动和判断反应以及战术变化等方面的速度加快；全面是指技术全面，攻守兼备，控球能力强，具有良好的身体素质和心理素质；进攻是凭技术特长，采用先发制人，积极主动，以抢攻为主；多拍是在战术变化中，从若干次攻守回合中，提高控球能力，减少失误，力争主动，控制比赛局面。

从当今世界羽坛发展趋势来看，实力优势仍在亚洲，男子以中国、印度尼西亚、马来西亚、韩国四驾马车为主，中国继续保持强劲势头。除此以外，欧洲的丹麦、瑞典也在奋起直追。女子以中国、印度尼西亚、韩国三国鼎立于世界女子羽坛，继续保持绝对优势，但欧洲的瑞典、丹麦、英格兰选手也正在悄悄崛起。特别是1992年后，羽毛球成为奥运会正式比赛项目，世界羽毛球运动的格局正在向多元化的方向发展，欧亚对抗的局面正在逐步形成，世界羽坛的全盛时期有望早日到来。

二、世界羽毛球运动的主要赛事

（一）苏迪曼杯赛

为纪念印度尼西亚羽毛球联合会前主席苏迪曼先生对羽毛球事业做出的贡献，国际羽联决定将世界羽毛球混合团体赛奖杯命名为"苏迪曼杯"（Sudiman Cup），每两年举行一届，逢双数年是汤、尤杯赛，单数年为苏迪曼杯赛，并在前八届中与两年一度的世界羽毛球锦标赛同地先后举行，但从 2005 年第九届苏迪曼杯开始，苏迪曼杯赛和世界锦标赛分开，不同时间和地点在同年举行。苏迪曼杯与汤姆斯杯和尤伯杯不同的是，这项比赛是检验各国和地区羽毛球运动整体水平的赛事。

苏迪曼杯是一个镀金银杯，由印度尼西亚万隆工学院学生鲁斯南迪雕刻。奖杯是一个羽毛球造型，在基座上雕刻了举世闻名的古迹婆罗浮屠佛塔的造型，整个奖杯高 80 厘米。

苏迪曼杯羽毛球赛按各个国家和地区球队的实力分为 A～G 等 7 个级别，但只有参加 A 级比赛的 6 个队有资格争夺冠军。杯赛各级别之间实行升降级制。B～G 组的小组第一名在下届比赛中升到上一组，最后一名降到下一组。苏迪曼杯羽毛球赛采取 5 局 3 胜制，5 局分别设男、女单打，男、女双打和混合双打 5 项比赛。自 1989 年首届苏迪曼杯比赛在印度尼西亚举行以来，至今共举行了十届。历届苏迪曼杯成绩，见表 1-1。

表 1-1　历届苏迪曼杯成绩表

届数	时间	地点	第一名	第二名	第三名
1	1989 年	印度尼西亚	印度尼西亚	韩国	中国、丹麦
2	1991 年	丹麦	韩国	印度尼西亚	中国、丹麦
3	1993 年	英格兰	韩国	印度尼西亚	中国、丹麦
4	1995 年	瑞士	中国	印度尼西亚	韩国、丹麦
5	1997 年	英格兰	中国	韩国	印度尼西亚、丹麦
6	1999 年	丹麦	中国	丹麦	韩国、印度尼西亚
7	2001 年	西班牙	中国	印度尼西亚	韩国、丹麦
8	2003 年	荷兰	韩国	中国	印度尼西亚、丹麦
9	2005 年	中国	中国	印度尼西亚	韩国、丹麦
10	2007 年	苏格兰	中国	印度尼西亚	韩国、英格兰
11	2009 年	中国	中国	韩国	马来西亚、印度尼西亚

（二）汤姆斯杯赛

在 1939 年的一次国际羽联理事会上，时任国际羽联主席的乔治·汤姆斯（George Thomas）指出，组织全球男子团体羽毛球比赛的时机已经成熟。在这次会议上决定了举行世界男子羽毛球团体比赛，汤姆斯提出向这一世界性比赛捐赠一个奖杯，因此将此杯命名为"汤姆斯杯"。

汤姆斯杯高 28 厘米，包括把手的宽距为 16 厘米，由底座、杯形和盖三部分构成，在盖的最上端有一个运动员的模型。此杯的前部雕刻有这样的词句："乔治·汤姆斯·巴尔特于 1939 年赠送国际羽毛球联合会组织的国际羽毛球冠军挑战杯。"据说此杯在伦敦用白金铸成，当时价值 5 万英镑。

从 1984 年起，此赛事改为每两年举行一届。比赛分为预赛、半决赛和决赛三个阶段，从决赛前一年的 11 月 1 日起到决赛年的 6 月 30 日止进行。6 支在相应区域进行半决赛而出线的队伍加上直接进入决赛的东道国和上届冠军共 8 支队进入决赛阶段的比赛。如果东道国也是上届冠军的获得者的话，那么在半决赛中要选出 7 支队进入决赛。8 支决赛队伍分成两个组比赛，以赢得分数多为胜利。如果分数一样，以赢得场数多排在前头。所以小组赛要比完 5 场。如果场数、局数仍然一样，就采取抽签的办法决定名次。所有参加比赛的队伍需在赛前 14 天选出 4～10 名运动员，按照当时的世界排名，列出第一单打、第二单打、第三单打、第一双打、第二双打及替补的运动员名单。每名运动员最多只能参加一场单打和一场双打比赛。绝对不允许世界排名靠前的选手担任后位单打或双打比赛任务。汤姆斯杯比赛过去采用 9 场 5 胜制，即 5 场单打，4 场双打，分两天进行。1984 年后比赛办法改为 5 场 3 胜制（在一个单位时间内进行），即 3 场单打，2 场双打。比赛排序有 6 种，其目的是保证参加两项比赛的运动员起码有 30 分钟以上的休息时间。

自 1949 年第一届汤姆斯杯在苏格兰举办至 2006 年第 24 届以来，印度尼西亚队共 13 次夺冠，中国队 6 次夺冠，马来西亚队 5 次夺冠。历届汤姆斯杯成绩，见表 1-2。

表 1-2　历届汤姆斯杯成绩表

届数	时间	地点	第一名	第二名
1	1949 年	苏格兰	马来西亚	丹麦
2	1952 年	新加坡	马来西亚	新加坡
3	1955 年	新加坡	马来西亚	丹麦
4	1958 年	新加坡	印度尼西亚	马来西亚
5	1961 年	印度尼西亚	印度尼西亚	泰国

届数	时间	地点	第一名	第二名
6	1964 年	日本	印度尼西亚	丹麦
7	1967 年	印度尼西亚	马来西亚	印度尼西亚
8	1970 年	马来西亚	印度尼西亚	马来西亚
9	1973 年	印度尼西亚	印度尼西亚	丹麦
10	1976 年	泰国	印度尼西亚	马来西亚
11	1979 年	印度尼西亚	印度尼西亚	丹麦
12	1982 年	英国	中国	印度尼西亚
13	1984 年	马来西亚	印度尼西亚	中国
14	1986 年	印度尼西亚	中国	印度尼西亚
15	1988 年	马来西亚	中国	印度尼西亚
16	1990 年	日本	中国	马来西亚
17	1992 年	马来西亚	马来西亚	印度尼西亚
18	1994 年	印度尼西亚	印度尼西亚	马来西亚
19	1996 年	中国香港	印度尼西亚	丹麦
20	1998 年	中国香港	印度尼西亚	马来西亚
21	2000 年	马来西亚	印度尼西亚	中国
22	2002 年	中国	印度尼西亚	马来西亚
23	2004 年	印度尼西亚	中国	丹麦
24	2006 年	日本	中国	丹麦
25	2008 年	印度尼西亚	中国	韩国
26	2010 年	马来西亚	中国	印度尼西亚

（三）尤伯杯赛

　　尤伯杯赛即世界女子团体羽毛球锦标赛。尤伯杯由英国著名羽毛球运动员尤伯夫人所赠。此杯高 18 厘米，像地球仪似的体部，在球体顶部有一羽毛球样模型，此模型的上端站着一名握着球拍的女运动员。杯的底座周围雕刻着这样的词句："尤伯夫人于 1956 年赠送国际羽毛球联合会组织的国际女子羽毛球冠军挑战杯。"

羽·毛·球·网·球

尤伯杯赛制同汤姆斯杯赛制一样。在1982年以前是每三年举行一次，比赛采用七场四胜制。自1984年开始，改为每两年举行一次，采用五场三胜制。

历届尤伯杯赛成绩，见表1-3。

表 1-3 历届尤伯杯成绩表

届数	时间	地点	第一名	第二名
1	1956～1957年	美国	美国	丹麦
2	1959～1960年	美国	美国	丹麦
3	1962～1963年	美国	美国	英格兰
4	1965～1966年	新西兰	日本	美国
5	1968～1969年	日本	日本	印度尼西亚
6	1971～1972年	日本	日本	印度尼西亚
7	1974～1975年	印度尼西亚	印度尼西亚	日本
8	1977～1978年	新西兰	日本	印度尼西亚
9	1980～1981年	日本	日本	印度尼西亚
10	1984年	马来西亚	中国	英格兰
11	1986年	印度尼西亚	中国	印度尼西亚
12	1988年	马来西亚	中国	韩国
13	1990年	日本	中国	韩国
14	1992年	马来西亚	中国	韩国
15	1994年	印度尼西亚	印度尼西亚	中国
16	1996年	中国香港	印度尼西亚	中国
17	1998年	中国香港	中国	印度尼西亚
18	2000年	马来西亚	中国	丹麦
19	2001～2002年	中国	中国	韩国
20	2004年	印度尼西亚	中国	韩国
21	2006年	日本	中国	荷兰
22	2008年	印度尼西亚	中国	印度尼西亚
23	2010年	马来西亚	韩国	中国

（四）世界羽毛球锦标赛

世界羽毛球锦标赛是国际羽毛球联合会在继汤、尤杯赛后，为了适应世界羽毛球运动日益发展的需要而设立的一种以个人单项为竞赛项目的羽毛球锦标赛（Individual World Championships）。共设有男、女单打、双打和混双五个比赛项目。比赛从 1977 年起每三年举行一次，1983 年起改为每两年举行一次，在奇数年举行，2006 年起，世界羽毛球锦标赛成为一年一次的赛事，但每到奥运会举办年，锦标赛不举办，为奥运会羽毛球比赛让路。

历届世界羽毛球锦标赛冠军，见表 1-4。

表 1-4　历届世界羽毛球锦标赛冠军表

届数	时间	地点	男单	女单	男双	女双	混双
1	1977 年	马尔默（瑞典）	戴尔夫斯（丹麦）	科彭（丹麦）	梁春生/洪跃龙（印度尼西亚）	梅野尾悦子/小野惠美子（日本）	斯科夫戈尔/科彭（丹麦）
2	1980 年	雅加达（印度尼西亚）	梁海量（印度尼西亚）	维拉华蒂（印度尼西亚）	张鑫源/纪明发（印度尼西亚）	佩里/韦伯斯特（英国）	纪明发/黄祖金（印度尼西亚）
3	1983 年	哥本哈根（丹麦）	苏吉亚托（印度尼西亚）	李玲蔚（中国）	弗伯德伯格/黑勒迪厄（丹麦）	林瑛/吴迪西（中国）	基尔斯特伦/佩里（瑞典/英国）
4	1985 年	卡尔加里（加拿大）	韩健（中国）	韩爱平（中国）	朴柱奉/金文秀（韩国）	韩爱平/李玲蔚（中国）	朴柱奉/柳尚希（韩国）
5	1987 年	北京（中国）	杨阳（中国）	李玲蔚（中国）	李永波/田秉毅（中国）	林瑛/关渭贞（中国）	王朋仁/史方静（中国）
6	1989 年	雅加达（印度尼西亚）	杨阳（中国）	李玲蔚（中国）	李永波/田秉毅（中国）	林瑛/关渭贞（中国）	朴柱奉/郑明熙（韩国）
7	1991 年	哥本哈根（丹麦）	赵剑华（中国）	唐九红（中国）	朴柱奉/金文秀（韩国）	关渭贞/农群华（中国）	朴柱奉/郑明熙（韩国）
8	1993 年	伯明翰（英国）	佐戈（印度尼西亚）	王莲香（印度尼西亚）	郭宏源/苏巴吉亚（印度尼西亚）	周雷/农群华（中国）	伦德/本特松（丹麦/瑞典）
9	1995 年	洛桑（瑞士）	阿尔比（印度尼西亚）	叶钊颖（中国）	迈纳基/苏巴吉亚（印度尼西亚）	吉永雅/张惠玉（韩国）	伦德/托姆森（丹麦）

届数	时间	地点	男单	女单	男双	女双	混双
10	1997 年	格拉斯哥（英国）	皮特·拉斯姆森（丹麦）	叶钊颖（中国）	陈甲亮/西吉特（印度尼西亚）	葛菲/顾俊（中国）	刘永/葛菲（中国）
11	1999 年	哥本哈根（丹麦）	孙俊（中国）	马丁（丹麦）	金东文/河泰权（韩国）	葛菲/顾俊（中国）	金东文/罗景民（韩国）
12	2001 年	塞维利亚（西班牙）	叶诚万（印度尼西亚）	龚睿那（中国）	吴俊明/哈林（印度尼西亚）	高崚/黄穗（中国）	张军/高崚（中国）
13	2003 年	伯明翰（英国）	夏煊泽（中国）	张宁（中国）	帕斯克/拉斯姆森（丹麦）	高崚/黄穗（中国）	金东文/罗景民（韩国）
14	2005 年	洛杉矶（美国）	陶菲克（印度尼西亚）	谢杏芳（中国）	吴俊明/白国豪（美国）	杨维/张洁雯（中国）	维迪安托/纳西尔（印度尼西亚）
15	2006 年	马德里（西班牙）	林丹（中国）	谢杏芳（中国）	蔡赟/傅海峰（中国）	高崚/黄穗（中国）	罗布森/埃姆斯（英国）
16	2007 年	马来西亚吉隆坡	林丹（中国）	朱琳（中国）	马基斯/亨德拉（印度尼西亚）	杨维/张洁雯（中国）	纳西尔/维迪安托（印度尼西亚）
17	2009 年	印度（海德拉巴）	林丹（中国）	卢兰（中国）	蔡赟/傅海峰（中国）	张亚雯/赵婷婷（中国）	雷伯恩/莱特（丹麦）
18	2010 年	法国（巴黎）	陈金（中国）	王琳（中国）	蔡赟/傅海峰（中国）	杜婧/于洋（中国）	郑波/马晋（中国）

（五）国际奥林匹克运动会羽毛球比赛

奥运会是世界上最瞩目的一项大赛。国际羽联在 1970 年就着手准备进入奥运会的工作，但直至 1985 年 6 月 5 日，在国际奥委会第 90 次会议上才决定将羽毛球列为奥运会的正式比赛项目。在 1988 年汉城奥运会上，羽毛球被列为表演赛并取得成功。在 1992 年的巴塞罗那奥运会最终设立羽毛球为正式比赛项目，设有男子单打、女子单打、男子双打和女子双打四个项目。这四个项目的优势主要在亚洲，而欧洲国家的选手更适合打混双比赛，所以，国际

第一章\羽毛球运动概述

11

羽联与国际奥委会决定在 1996 年亚特兰大奥运会上增设羽毛球混合双打比赛项目，使得奥运会的羽毛球比赛项目更为丰富。由于羽毛球项目拥有 5 枚金牌，从而加入了奥运会奖牌大户之列，成为各国高度重视和激烈争夺的焦点项目之一。奥运会羽毛球赛已经成为当今世界羽毛球运动最高水平的赛事。

国际奥委会对奥运会羽毛球项目参赛选手名额限制严格，比赛根据世界排名，选出前 33 名单打运动员、19 对双打选手和 17 对混双选手直接参加奥运会。但每个项目中必须至少包括来自五大洲的各 1 名运动员和 1 对选手。这些运动员必须是世界排名最前面的运动员。如果在世界排名中仍没有某洲的选手，则由在积分期间的最近一次洲比赛中的冠军选手出席。东道国应有不少于两名运动员参加比赛。每个国家和地区在 1 个项目中最多只能有两个席位。多出的席位让给排名靠后的选手。

历届奥运会冠军，见表 1-5。

表 1-5 历届奥运会羽毛球比赛冠军表

届数	时间	地点	男单	女单	男双	女双	混双
25	1992 年	巴塞罗那（西班牙）	魏仁芳（印度尼西亚）	王莲香（印度尼西亚）	朴柱奉/金文秀（韩国）	郑素英/黄惠英（韩国）	未设
26	1996 年	亚特兰大（美国）	拉尔森（丹麦）	方珠贤（韩国）	苏巴吉亚/迈纳基（印度尼西亚）	葛菲/顾俊（中国）	金东文/吉永雅（韩国）
27	2000 年	悉尼（澳大利亚）	吉新鹏（中国）	龚智超（中国）	吴俊明/陈甲亮（印度尼西亚）	葛菲/顾俊（中国）	张军/高崚（中国）
28	2004 年	雅典（希腊）	陶菲克（印度尼西亚）	张宁（中国）	金东文/何泰权（韩国）	杨维/张洁雯（中国）	张军/高崚（中国）
29	2008 年	北京（中国）	林丹（中国）	张宁（中国）	马基斯/亨德拉（印度尼西亚）	杜婧/于洋（中国）	李孝贞/李龙大（韩国）

（六）世界羽毛球大奖赛

世界羽毛球锦标赛	世界大奖赛总决赛	马来西亚羽毛球公开赛
印度尼西亚羽毛球公开赛	世界杯羽毛球比赛	美国羽毛球公开赛
中国羽毛球公开赛	全英羽毛球公开赛	日本羽毛球公开赛
中国香港羽毛球公开赛	中国台北羽毛球公开赛	韩国羽毛球公开赛
泰国羽毛球公开赛	新加坡羽毛球公开赛	瑞士羽毛球公开赛

丹麦羽毛球公开赛　　　俄罗斯羽毛球公开赛　　　德国羽毛球公开赛
荷兰羽毛球公开赛　　　加拿大羽毛球公开赛　　　苏格兰羽毛球公开赛
澳大利亚羽毛球公开赛

第三节　中国羽毛球运动的发展概况

现代羽毛球运动于 1920 年左右传入我国，最初在上海、广州、天津、北京等城市的教会组织的青年会和大学、中学里开展过羽毛球运动。仅仅是少部分青年学生和华工参与这项运动，由于参加此项活动的人数较少，也没进行过重大比赛。因而，新中国成立前我国羽毛球运动的水平很低，更谈不上普及。新中国成立后，在党和政府的重视和关心下，我国羽毛球运动蓬勃发展，经历了以下四个阶段。

一、起步发展阶段

20 世纪 50 年代初期，羽毛球运动首先在全国各大城市开展起来。在周恩来总理和贺龙副总理亲自关怀下，1953 年在天津举行了全国篮球、排球，网球、羽毛球四项球类运动会，羽毛球为表演项目。虽然当时技术水平很低，但为今后的发展奠定了良好的基础，1954 年，以王文教、陈福寿为代表的第一批印度尼西亚华侨回国，带来了我国羽毛球运动的希望，全面推动了我国羽毛球运动的发展。1956 年，中国羽毛球协会成立，标志着我国羽毛球运动新纪元的到来，在羽毛球协会的组织下我国每年都举办全国羽毛球比赛，使羽毛球比赛逐渐制度化、规范化。在 1959 年第一届全运会上，羽毛球作为正式比赛项目，共有 21 个省、市派选手参加了比赛，这对羽毛球运动的普及和羽毛球技术水平的提高起到了促进作用。在国内练兵的同时，我国羽毛球运动员认真、虚心地学习世界先进经验。1956 年 2 月，印度尼西亚队来我国访问，共比赛 10 场，结果印度尼西亚队全胜。国家羽毛球队不甘落后认真分析失败原因，奋发图强，刻苦训练。1957 年 4 月，国家队回访印度尼西亚时，情况大有好转，在 9 场比赛中，我队获得了 7 胜 2 负的好成绩。

二、追赶世界先进水平阶段

20 世纪 60 年代初期，第二批印度尼西亚华侨青年相继回国，如汤仙虎、侯加昌、陈玉娘等。这些羽毛球优秀选手成了我国羽坛的中坚力量，他们以快速、灵活、准确的技术特点闻名于世界羽坛。由于历史原因，虽然我国羽毛球队没有参加过正式比赛，但通过与世界羽毛球强队的互访比赛，表明了我国羽毛球运动水平已达到世界先进水平。1963 年，连获第四届、第五届汤姆斯杯冠军的印度尼西亚队来我国访问，我国羽毛球队取得了 6 胜 4 负的战绩。1964 年印度尼西亚队第二次访问我国，国家队仍以 4∶1 取胜。同年 11 月，我国羽毛球队再次到印度尼西亚做访问比赛，取得了全胜的战绩。

1965 年、1966 年中国队在与世界亚军、欧洲冠军丹麦队和欧洲劲旅瑞典队进行互访比赛时，中国队再次获全胜。当时中国羽毛球队的战绩使世界羽坛为之震惊，外国舆论界称中国队是世界羽坛的"无冕之王""真正的世界冠军"。1964 年第一次全国羽毛球训练工作会议及时总结了经验和取得的成绩，明确提出了我国羽毛球"快、狠、准、活"的技术风格和"以我为主、以快为主、以攻为主"的指导思想，以理论指导促进训练比赛实践。我国羽毛球技术风格的形成和训练指导思想的建立，为促进世界羽毛球运动的发展做出了巨大贡献。

三、停滞阶段

由于受"十年动乱"影响，我国正处于上升时期的羽毛球运动受到了严重影响，水平直线下降。虽然在 20 世纪 70 年代初，重新恢复了训练，也取得了一些比赛的胜利，但一批老队员体力下降，力不从心，而青年选手水平较低，青黄不接的现象非常突出，导致我国羽毛球队刚刚获得的优势又完全丧失。第四届亚洲羽毛球锦标赛，国家队以 2∶3 负于印度尼西亚队，在 1978 年举办的第八届亚运会上又以 1∶4 败给印度尼西亚队。为了重振我国羽坛雄风，迅速调整、恢复我国羽毛球运动水平，1978 年国家体委、羽毛球协会联合召开了第二次全国羽毛球训练工作会议，总结了经验教训，重申了我国羽毛球的技术风格和训练指导思想，制定了赶超世界先进水平的新规划和具体措施，我国羽毛球运动迎来了新的春天。

四、全面夺取世界冠军阶段

根据全国羽毛球训练工作会议提出的奋斗目标，全国羽毛球界齐心协力，掀起了刻苦训练，拼搏奋进，再攀世界羽坛高峰的热潮，使一大批优秀青年选手脱颖而出，1979 年在中国香港举行的印度尼西亚—中国男、女羽毛球对抗赛上，以我的韩健、栾劲、孙志安、姚喜明、刘霞、韩爱萍、张爱玲为代表的新秀向世界老牌冠军林水镜、纪明发、张鑫源等发起挑战，中国男、女队分别以 6∶3 和 5∶0 获胜。进入 20 世纪 80 年代后期，我国羽毛球运动进入第二个鼎盛时期，我国羽坛选手全面参加各种世界比赛，都取得了好成绩。1981 年，在美国举办的第一届世界运动会上，中国队获得了男女单打、双打四项冠军。1982 年在全英锦标赛上，中国队夺取女单、女双两项冠军。最令人兴奋的是 1982 年我国男队第一次参加第十二届汤姆斯杯比赛，在与印度尼西亚队决赛的第一天，我队出师不利，以 1：4 落后，但我队不气馁，在第二天的比赛中奋力拼搏，一鼓作气，连胜 4 场，最终以 5：4 击败印度尼西亚队，首夺汤姆斯杯，登上了世界冠军宝座。随后于 1986 年、1988 年、1990年连续三次捧回汤姆斯杯。我国女子羽毛球队在男队连续获得世界冠军的喜讯鼓舞下，奋起直追，1984 年在吉隆坡举行的尤伯杯赛中，我国女选手以优异的成绩一举夺得尤伯杯。随后，我国羽毛球女队又以强大的优势蝉联五届尤伯杯赛冠军。在八九十年代，我国选手分别参加了世界羽毛球锦标赛、世界杯赛和全英羽毛球锦标赛等系列大奖赛，共获 70 多次单项冠军。1987 年在北京举行的世界羽毛球锦标赛和 1988 年在曼谷举行的世界杯赛上，中国男女羽毛球队囊括全部冠军。在系列大奖赛决赛中，我国女选手 7 次夺金，男选手 6 次夺冠。20 世纪 80 年代是我国羽毛球运动最辉煌的时期，是世界羽毛球运动的"中国时代"，中国羽毛球队为祖国争了荣誉，振了国威。进入 20 世纪90 年代，中国羽毛球一方面是处于世界羽坛众目睽睽之下，各国都在研究、寻找击败中国选手的方法；另一方面我国羽坛也受到经济大潮的冲击，训练体制和人才体制都相应受到影响，训练质量下降，人才外流，导致了中国羽毛球队严重滑坡的现象，尤其男队危机四伏。1992 年在汤姆斯杯赛、奥运会、世界杯三大赛事中，一金未得。女队虽比男队好些，但危机也同样笼罩着她们。1994 年在日本广岛举行的亚运会上，我国羽毛球男女选手无一人进入决赛。这表明，中国羽毛球运动水平已经跌落到自 60 年代以来的最低谷。中国选手葛菲和顾俊在 1996 年第 26 届夏季奥林匹克运动会上，奋力拼搏，夺得羽毛球女双金牌，这表明中国羽毛球正走出低谷。2000 年第 27 届奥运会获得男女单打金牌，女双、混双金牌；2004 年第 28 届奥运会获得女单金牌，女双、混双金牌。2008 年北京奥运会取得男单、双单、女双三块金牌。今天，涌现出一大批优秀的选手，如林丹、张宁、鲍春来、谢杏芳、高崚、蔡赟、傅海峰等，他们在世界大赛和奥运会屡屡获得金牌，标志着中国的羽毛球运动水平已经进入了世界的领先行列。

>>> **练习与思考**

1. 简述羽毛球运动的发展与演变。
2. 当今世界羽毛球运动技术与战术发展总趋势是什么？

第二章 羽毛球基本理论知识

本章要点

本章共三节，介绍羽毛球击球技术环节，羽毛球击球技术基本要领，羽毛球击球技术名称分类。

第一节 羽毛球击球技术基本环节

羽毛球运动过程中，运动员的每一次击球动作，都是从站位准备开始，在判断对方来球的路线、落点后起动，移动到击球位置击球，然后做下一次的击球准备。

在比赛的对击过程中，双方都按此程序击球，即站位、准备→判断、起动→移动、引拍→到位击球→（站位、准备……）周而复始，直至成死球。以上四个环节，有时表现得比较明显，有时在双方快速来回击球时，表现得不明显，但这四个环节都会直接影响击球员击球技术的好坏，并且它们之间有着密切的内在联系，环环相扣。

一、站位、准备

（一）站位

接发球的站位是否合适，对发球方的关系很大，如接发球站位有误，很容易造成被动，就有可能给发球方创造发球抢攻的好机会，因此应选择一个合适的接发球站位。

1. 单打接发球站位（又叫受限制的站位）

单打站位位于离前发球线约 1.5 米处，在右区应站在靠近中线的位置，以防发球方以平射球攻击头顶区域。在左区则站在中线与边线的中间位置上。

2. 双打接发球站位（又叫不受限制站位）

由于双打发球区比单打发球区短 0.76 米，发高远球易被对方扣杀，所以双打发球多以发网前球为主。接发球时要站在靠近前发球线的地方。在右区时要注意不要把右区的后场靠中线区暴露出来；在左区时注意保护头顶区。

单、双打站位见图 2-1、图 2-2。

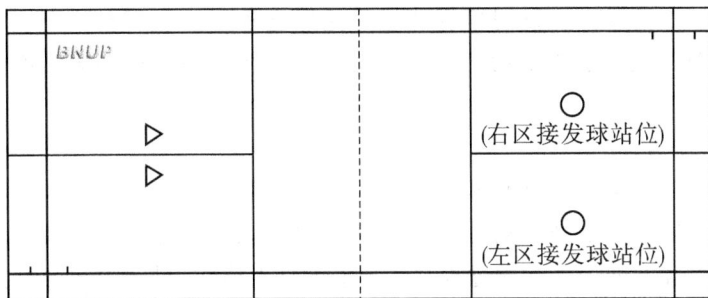

图 2-1　单打站位

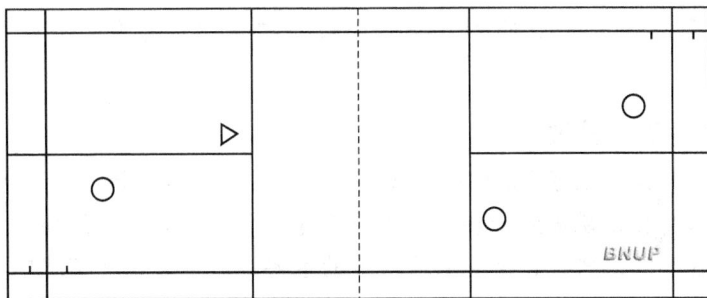

图 2-2　双打站位

（二）准备姿势

要提高接发球的质量，首先要有正确合理的准备姿势，有利于迅速起动。一般情况，两脚左右张开，稍有前后，膝关节略为弯曲，身体重心在前脚掌，并在两脚间轮流移动，重心不要同时压在两个脚上或某个脚上，以便快速起动。持拍举在身前，拍头向上，以便做好击上手球、下手球和正手球、反手球的准备。

1. 单打接发球的准备姿势：（以右手握拍为准）通常应是左脚在前，右脚在后，侧身对网，重心放在前脚上，膝关节微曲，后脚跟稍提起，收腹含胸，球拍举在身前，两眼注视对方。

2. 双打接发球准备姿势与单打基本相同，只是身体前倾较大，身体重心可以随意放在任何一脚，球拍举得高些，在球来到网上最高点时击球，争取主动。但要注意右场区对方发平快球突袭反手部位。

二、判断、起动

（一）判断

根据对方的战术意图、技术特点、击球规律、场上双方的攻防态势和对方的击球动作等，做出预测判断，即估计对方将击来什么球。让自己的身体重心向判断方向移动，随时准备起动。判断起动可产生两种情况：一是判断正确，迅速到位，争取主动；二是判断失误，造成调整重心第二次起动，陷入被动。

（二）起动

在羽毛球比赛中，具有来回球多、移动距离短（一般都在 2～3 步之间）的特点，所以双方运动员场上起动速度的快慢比较，对比赛胜负的影响至关重要。羽毛球实战中的起动过程，实际上就是人体对外界刺激的反应过程。

正确的判断将有利于快速的起动，但除了提高判断力之外，还应时刻注意起动前的动作姿势，必须注意在任何时候双膝都要保持微屈，身体重心移至前脚掌不要站"死"，躯干要稍微前倾不要挺直，并有一只脚的脚跟稍提起。

三、移动、引拍

移动，是指羽毛球运动中的脚步移动的方法，是运用转体、并步、跨步、交叉步、垫步和蹬跳等脚步动作，进行快速、合理并有一定规律的上网、后退和两侧移动的方法。它是羽毛球技术的重要组成部分，在实战中具有十分重要的地位和作用，也是能否掌握好正确技术的基础。在羽毛球实战中，对一名运动员在场上移动能力好坏，应从以下两个方面加以评判：一是指运动员在场上从准备的位置到击球位置之间位移的速度；二是是否有利于击球动作的合理完成。

引拍指羽毛球击球动作的前期动作。准确的判断、合理的选位、快速的反应起动、快速合理的移动，再加上跑动过程中完成击球动作的引拍准备，目的都是争取及早到位击出高质量的球，如击球员从中场退到后场击上手高球，他在开始后退的同时，就应该做球拍后举至肩上方的动作，而不应该待后退到后场才开始引拍。

四、到位击球及回位

击球员移动到合适的击球位置时，通常握拍手同侧的脚应保持与握拍手在同一方向，也就是在上网击球时应右脚在前；后退至后场还击高球、吊球、杀球时应保持右脚在后。最后一步脚落地时要有缓冲，以便控制身体重心，击球后手臂要放松，恢复持拍放在胸前，积极做好击下一拍的准备。

在击球环节上首先要体现出到位要早，要尽可能抢在高点位击球、在自己身体的前面击球，通过控制自己的挥拍速度、击中球时握拍的松紧和变化击球拍面的角度，灵活选择和变化击球的方法，发挥自己最大的击球力量，准确地控制和变化击球的弧线、路线和落点。

击球后，应尽力保持（或尽快恢复）身体平衡，击球员不一定回到场地中心位置，根据自己击球的落点、质量、对方的战术意图、技术特点等，快速决定自己应采取的准备位置，这个位置可偏左，偏右或靠近网前等。总之，应根据比赛当时的实际情况，根据双方技、战术的特点，选择最合理回击对方来球的回位路线和回位位置。

第二节　羽毛球击球技术基本要领

击球技术在不断地创新、发展。高水平羽毛球运动员，必须掌握全面、实用、正确的各项击球技术。击球技术的好坏，最终体现在击出球的球速控制变化、球的飞行弧线变化、球的落点变化以及在同一个击球点上能否击出速度、弧线、落点不同变化的球，使对方难以判断。

无论哪一种击球技术，都要注意以下环节及要领，只有把各环节及要领掌握好，才能击出高质量的球。

一、握拍

正确的、灵活多变的握拍方法，是击球手法的基础，握拍要有利于手腕和手指的发力，有利于控制击球力量的大小和出球的方向，有利于握拍方法的灵活变化。在击中球前切忌握拍太紧，它会使前臂肌群紧张、僵硬，极大程度地影响手腕和手指的闪动发力，而且也不利于握拍方法的灵活变化。

二、击球点

击球时，切记不可等球飞近身体再击球，而应该尽量做到以下三点：一是高打：尽量在高点击球。上手击球时手臂要自然伸直（有时要跳起击球）。击网前球时，要尽量在网的上端击球。二是前打：击球点要在身体的前面，不能在紧靠身体处或身体后面。三是发力的时机要准确：发力时间与击球点的配合至关重要，击球发力不能太早或太迟，击中球的一刹那，应是挥拍速度最快的瞬间，做到瞬间发力。

三、动作的协调性

挥拍击球时要做到全身动作的协调配合，不僵硬，无多余动作。挥拍动作的协调性，实质上是挥拍时身体各部分的协调配合，力量的有效传递，它不仅关系到击球的爆发力大小，也关系到体力的节省。这在一个多拍对击的回合中，或一场长时间的激烈比赛中就显得非常重要。

四、拍面的控制

拍面的控制是指击球时球与球拍接触瞬间，球拍面与地面和球网所处的位置关系。拍面的控制包括拍面的角度和拍面的方向。前者指球拍触球时，拍面与地面形成的角度，分向下、前倾、稍前倾、垂直、稍后仰、后仰等。后者指球拍触球时，拍面与球网及其延长线所形成的角度，有内切（指拍面转向身体内侧）、稍内切、垂直、稍外转、外转（指拍面向身体外侧转动）。如正手吊对角线球时，球与球拍碰撞瞬间，拍面通常应处于稍前倾、稍内切的位置；而在正手击平高球时，球与球拍碰撞瞬间，拍面角度应处于垂直。影响羽毛球飞行路线和落点的因素，主要在于击球时的拍面控制和击球的力量大小。击球时，不但要全面地掌握好各种击球技术方法，而且还要在击球的瞬间，善于准确地控制好击球的拍面和用力的大小，才能保证击球的准确性、稳定性和攻击性。这些都是击球瞬间由手腕和手指的动作变换得以完成的。

五、击球动作一致性

为增加击出球的战术效果，在后场击高、吊、杀、劈或网前击推、扑、搓、勾的引拍动作，其挥拍前期动作要做到相仿或一致，使对方难于判别，起到假动作迷惑对手的作用。

强调动作的一致性，主要是指相似动作的前期动作应力求一致，因为，不同的击球技术方法在用力的大小与击球的拍面控制上必然是不一样的。譬如，大力扣杀，由于与吊球和高球相比，要动员更多的肌肉群参与工作，在击球的最后阶段如果你还要拘泥于动作的一致性，那反而会达不到理想的效果。但如果在准备和引拍阶段就让对方球员清楚地判断出来，那同样也会对你杀球的进攻效果产生不利的影响。

第三节　羽毛球击球技术名称分类

羽毛球击球技术方法多种多样，球的飞行形式变化万千，通常从以下几个方面加以区分。

一、以击球点在击球者身体位置的方向分类（图 2-3）

1. 正手（正拍）：用持拍手掌心一边的拍面击球，一般用来击打持拍手身体同侧的球。

2. 反手（反拍）：用持拍手手背一面的拍面击球，一般用以击打持拍手身体异侧的球。

3. 头顶球：指击球者用正拍面击打持拍手身体异侧肩部上方的来球。

4. 上手球：后场击球时，击球点在击球者肩部以上。网前击球时，击球点在球网下沿以上的位置。

正拍击球   反拍击球

头顶球   上手球   下手球

图 2-3   以击球点在击球者身体位置的方向分类

5. 下手球：后场击球时，击球点在击球者肩部以下。网前击球时，击球点在球网下沿以下的位置。

二、以击球者击球时在场上的位置分类

1. 前场：前发球线附近至球网区域。

2. 后场：从端线至场内约 1 米处。

3. 中场：前、后场区之间的区域。

4. 左、右场区：以场地的中线为界，分为左、右两个场区。

三、以球的飞行弧线和落点分类（图 2-4、图 2-5、图 2-6）

1. 高球：从场地一边的后场，将球以较高的弧度还击到对方后场的一种

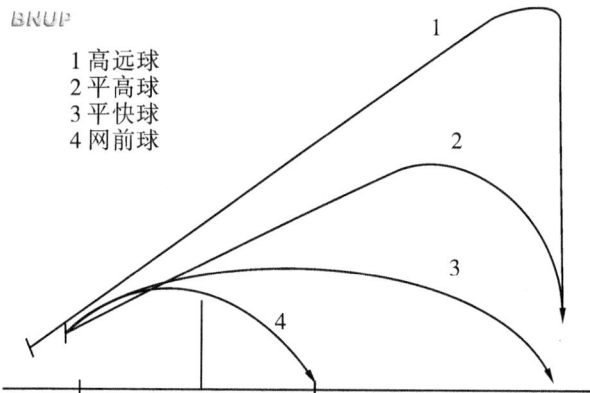

图 2-4　以飞行弧线分类一

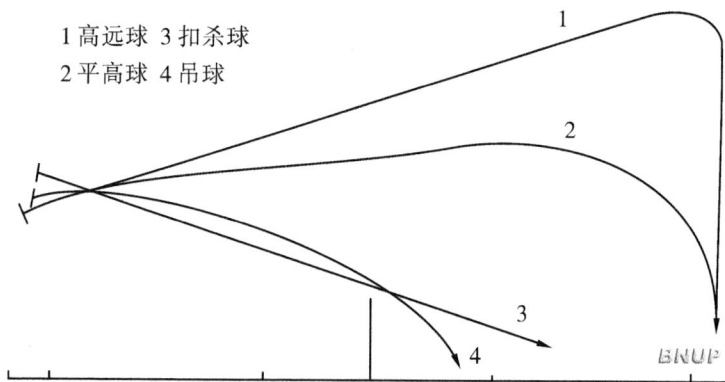

图 2-5　以飞行弧线分类二

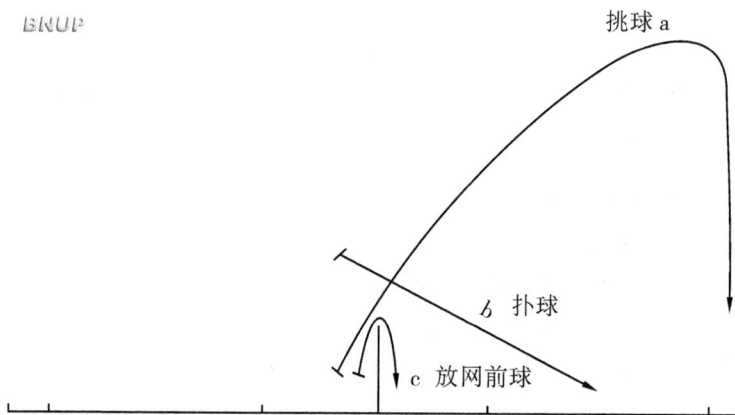

图 2-6　以飞行弧线分类三

技术方法。

2. 平高球：从场地一边的后场，以刚好不让对方中途拦截到的弧线高度，把球击到对方后场的一种技术方法。

3. 平快球：从场地一边的后场，以较平的弧度、较快的速度把球击到对方后场。

4. 吊球：从场地的后场，将球以向前下方飞行的弧线，还击到对方近网区域的一种技术方法。

5. 杀球：从场地一边的中、后场，将来球用力向前下方快速扣压到对方场区的一种技术方法。

6. 平抽：击球点在击球员身体的两侧，击出的球以与地面平行或稍向下的弧线飞向对方场区的一种技术方法。

7. 平挡：与平抽球相似，只是击球动作幅度较小，借对方来球的力量还击到对方近网区域的一种技术方法。

8. 挑高球：把球从网前或中场的低处，向上以较高的弧线击到对方后场区域的一种技术方法。

9. 推球：击球点在靠近网的上沿位置，以较平的弧线，将球还击到对方后场区域的一种技术方法。

10. 搓球：击球时用拍面切击球托和羽毛，使球在飞行时产生旋转与翻滚，将球从本方网前区域直线还击到对方网前区域的一种技术方法。

11. 勾对角球：在网前或接杀球时，将来球斜线还击到对方另一侧网前的一种技术方法。

12. 扑球：在近网高于球网高度的位置，将来球向前下方快速击到对方场区的一种技术方法。

综合以上的名称，可以用两个或三个名称组合，来表示某一击球在场上的位置和击出球的形式，如正手杀球、头顶吊球、反手扑球、正手勾对角球、后场反手高球等。

>>> 练习与思考

1. 运动员击球技术的好坏体现在哪些方面？

2. 羽毛球技术训练中，强调的"快、准、狠、灵"的指导思想，在击球环节上体现在哪些方面？

3. 如何正确理解击球动作的一致性原则？

第三章　羽毛球基本技术

本章要点

> 本章共七节，介绍了羽毛球基本技术，包括握拍法、发球与接发球、后场击球技术、前场击球技术、中场击球技术、被动球技术及步法。
>
> 羽毛球技术是指运动员在比赛中所采用的动作方法的总称，羽毛球的主要基本技术包括手法和步法两大类。
>
> 注：本章节所有技术动作均以右手持拍为例。

第一节　握拍法

羽毛球拍握法正确与否，对于掌握和提高羽毛球技术水平，特别对初学者有着非常重要的影响。每个羽毛球技术动作都有相应的握法和指法，握法只有符合解剖学原理，利于发力并易于变换相应的握法，才是合理的握拍法。基本的握拍法有两种，即正手握拍法和反手握拍法。

一、正手握拍法

（一）一般情况下的正手握拍法

虎口对着拍柄窄面内侧的小棱边，拇指和食指贴在拍柄的两个宽面上，食指和中指稍分开，中指、无名指和小指并拢握住拍柄，掌心不要紧贴，拍柄端与近腕部的小鱼际肌齐平，拍面基本与地面垂直（图3-1）。正手发球、右场区各种击球及左场区头顶击球等，一般都采用这种握法。

（二）特殊情况下的正手握拍法

根据对方来球的不同角度和准确控制球的落点，正手握拍的方法会有些细微的改变。

图 3-1　正手握拍法

1. 正手网前搓球的握拍法

在正手握拍的基础上，拇指、食指、中指和无名指稍松开，使拍柄离开掌心，拇指斜贴在拍柄内侧的上小棱边上，食指稍前伸，使第二指带斜贴在拍柄外侧的宽面上。

2. 正手接杀球勾对角网前球的握拍法

在正手握拍的基础上，拍柄稍向外转，拇指斜贴在拍柄内侧的宽面上，食指第二指关节和其他三指的指根贴在拍柄外侧的宽面上，拍柄不贴掌心。

（三）正手握拍法常见的错误

1. 拇指紧贴在拍柄的内侧宽面上。

2. 握拍太靠上，不利于高球、杀球等技术动作的发力。

3. 拳式握拍：各手指相互紧靠，掌心没有留出空间。

4. "苍蝇式"握拍：虎口对着拍柄的上侧窄面而不是对着拍柄内侧的小棱边，这种握拍使屈腕发生困难，不利于对拍面角度的自由控制，见图3-2。

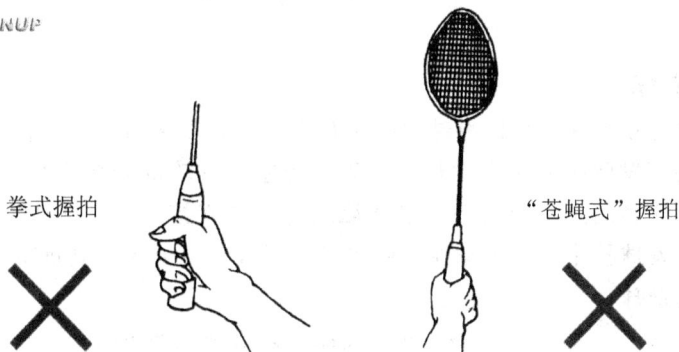

拳式握拍　　　　　　　　　　　　　　　"苍蝇式"握拍

图3-2　两种常见的错误握拍法

二、反手握拍法

（一）一般情况下的反手握拍法

在正手握拍的基础上，拇指和食指将拍柄稍向外转，拇指自然贴在拍柄内侧宽面上，中指、无名指和小指并拢握住拍柄，柄端靠近小指根部，使掌心留有空隙。球拍斜侧向身体左侧，拍面稍后仰（图3-3）。一般说来，击身体左侧的来球，大都先转体（背对或侧对球网），然后用反手握拍法击球。

（二）特殊情况下的正手握拍法

1. 反手网前搓球的握拍法

在正手握拍的基础上，拇指、食指、中指和无名指稍松开，拍柄离开掌

图3-3　反手握拍法

心同时使球拍稍向内转，拇指贴在拍柄内侧的上小棱边上，食指第三关节贴在拍柄外侧的下小棱边上。

2. 反手接杀球勾对角网前球的握拍法

在正手握拍的基础上，拇指、食指、中指和无名指稍松开，拍柄离开掌心，同时将拍柄向内转动，拇指第二指关节的内侧贴在拍柄内侧的上小棱边上，食指第二指关节贴在拍柄的下中宽面上，其余三指自然抓在下中宽面和拍柄内侧的宽面上。

（三）反手握拍法常见的错误

1. 拇指用力顶在拍柄内侧宽面上。

2. 拇指贴在拍柄内侧斜棱上。

3. 整个拇指都紧贴拍柄，食指紧张僵直。

第二节 发球与接发球

一、发球

发球是运动员在发球区将球由静止状态，用球拍击出，使之在空中飞行，落到对方的接发球区的技术动作。发球作为组织进攻的开始，其质量的好坏直接关系到比赛的主动或被动，以致赢球得分或直接丢分。发球技术可分为正手和反手发球技术。若按球在空中飞行的弧线，可分为发高远球、平高球、平快球和网前球。

图 3-4 发球姿势

（一）正手发球（以右手握拍为例）

身体左肩侧对球网，两脚开立，与肩同宽，左脚在前，脚尖向网；右脚在后，脚尖稍微向右侧，重心放在右脚上。准备发球时，右手握拍向右后侧举起，肘部微屈，左手拇指、食指和中指夹住球，举在腹部右前方。准备发力击球时，先放开球，然后挥拍击球。击球时，身体重心由右脚移至左脚上（图 3-4）。

用正手发不同的弧线球，击球前准备与前期动作要保持一致，只是在击球时及其后的动作有所不同。

1. 发高远球（高远球是把球发得又高又远，使球向对方后场上方飞去，球的飞行路线与地面形成角度，要大于 60°角，使球在对方场区底线附近垂直下落）：在左手放开球使之下落时，右手转拍由上臂带动前臂，自右后方沿身体向前左上方挥动。当球落到右臂向前下方伸直能够接触到球的一刹那，紧握球拍，并利用手腕屈收的力量向前上方发力击球。

然后顺势向左上方挥动缓冲，见图3-5。

图 3-5　正手发高远球

发高远球动作的常见错误：

（1）持球手将球抛起而不是放开球让其自然下落，该动作会影响发球的稳定性。

（2）击球瞬间，拍面没有正对球头。该动作会影响发高远球的远度和高度。

（3）击球后，持拍手不是顺势向左上方挥动缓冲，而是向右后方挥动，该动作不美观且容易造成手臂的损伤。

2. 发平高球：动作基本与发高远球相同，只是在击球瞬间，前臂加速带动手腕向前上方挥动，以向前用力为主，使球迅速地越过对方场区空中而落到底线附近，球在空中的路线和地面形成的仰角是45°左右，见图3-6。

图 3-6　正手发平高球

3. 发网前球：发网前球，就是把球发到对方发球区内的前发球线附近。发球时上臂动作要小，主要靠前臂带动手腕向前送，球的弧线要尽量控制贴网而过，见图3-7。

发网前球动作常见的错误：（1）动作的节奏掌握不好，动作突然僵直，容易造成发球稳定性差；（2）击球时，手腕上挑或拍面不正向前切球，这种动作容易使球向上飞行，影响适宜的飞行弧线。

图 3-7　正手发网前球

发平快球：要充分利用前臂带动屈腕的爆发力向前方用力击球，使球直接从对方肩稍上高度越过落到后场，关键是出手（击球）动作要小而快。

（二）反手发球

发球站位可在前发球线后 10～50 厘米并靠近中线，也可在前发球线后及边线附近。面向球网，两脚前后开立（右脚或左脚在前均可），上体稍前倾，身体重心在前脚上。右手臂屈肘，用反手握拍将球拍横举在腰间，拍面在身体左侧腰下。左手拇指与食指捏住球的二三根羽毛，球托朝下，球体或球托在球拍前对准拍面。击球时，前臂带动手腕朝前横切推送，使球的飞行弧线略高于网顶，下落到对方前发球线附近。反手发平快球时则要突然发力，拍面要有"反压"动作。

1. 反手发网前球：反手发网前球就是运用反手发球技术把球发至对方发球区内前发球线附近，击球时球拍由后向前推送击球，使球运行的弧线最高点略高于网顶，球拍触球时，拍面呈切削式击球，使球落到对方场区的前发球线附近，见图 3-8。

图 3-8　反手发网前球

2. 反手发平球：反手发平球与发正手球的球路、角度、落点一样。发球时，球拍的挥动方向也与反手发网前球一样，只是在击球的一刹那，手腕有弹性的击球，拍面与地面的角度接近垂直，将球击到双打后发球线以内的区域。

二、接发球

还击对方发过来的球叫接发球，接发球和发球一样，都是羽毛球最基本的技术，在比赛中同样起着重要的作用。如果发球是走向胜利的开始，那么接发球接得好就是走向胜利的第一步。发球方要利用多变的发球打乱接发球方的阵脚，而接发球方要通过多变的接发球破坏发球方的企图，利用第一次击球机会，力争主动，达到控制场面的目的。

（一）接发球的站位和姿势

1. 单打

单打站位一般是在离发球线 1.5 米处。站在右发球区靠近中线的位置；在左发球区则站在中间的位置。这样站主要是防备对方直接进攻反手部位。一般左脚在前，右脚在后，双膝微屈，收腹含胸，身体重心放在前脚上，后脚脚跟稍抬起。身体半侧向球网，球拍举在身前，双眼注视对方，见图 3-9。

2. 双打

双打站位由于双打发球区比单打发球区短 0.76 米，发高远球易被对方扣杀，所以双打发球多以发网前球为主。接发球时要站在靠近前发球线的地方。双打接发球准备姿势和单打姿势基本相同。只是身体前倾较大，身体重心可前可后，球拍举得高些，在球飞行到网上最高点时击球，争取主动。但是注意对方在右场区发平快球突袭反手部位。

图 3-9　接发球姿势

（二）接发各种来球

对方发高远球或平高球时，可用平高球、吊球或杀球还击。一般来说，接高远球是一次进攻的机会，还击得好，就掌握了主动。一些初学者常因后场技术没掌握好，还击球的质量较差，容易遭到对方的攻击。

对方发来网前球时，可用平高球、高远球、放网前球、平推还击；如对方发球质量不好，也可用扑球还击。要洞察对方发网前球的意图，如果是要发球抢攻，而自己的防守能力又不强，那么，就放网前球或平推球还击，落点要远离对方的站位，控制住球，不让对方进攻。当对方连续发球抢攻时，接发球一定要冷静、沉着，若疏忽麻痹，回球质量稍差，就可能让对方抢攻得手，对方发来平快球时，可用平推球、平高球还击，以快制快。由于接球方还击的击球点比发球方高，下压得狠些可以夺取主动。其次亦可以高远球还击，以逸待劳。不能仓促还击网前球，因为击球质量稍差，就有可能遭受对方的进攻。

（三）接发球动作常见的错误

1. 准备动作不充分，球拍掉在下方，身体僵直，重心偏高。

2. 拍头低于手腕。

第三节　后场击球技术

后场击球技术可分为：高远球、平高球、扣杀球和吊球。它一般在后场用来主动进攻或调动、控制对方，所以也称为后场主动进攻技术，在比赛中，后场区域是双方必争之地，后场技术在羽毛球技术中是极为重要的部分。

一、高球

高球是自后场经过高空飞行打到对方后场端线的球。高球分为正手、反手和头顶三种手法。按飞行轨迹可分为高远球、平高球和平射球。

（一）正手高远球

采用正手握拍法，用正拍拍面击出的击球点在身体右侧方的高远球，分为原地击球和起跳击球两种，击球点是在球将从最高点下落的瞬间。首先准确判断来球的方向和落点，向右后方转体侧身后退，使球处在自己的头部的前上方的位置，左肩对网，左脚在前，右脚在后，重心在右脚上，左臂屈肘，左手自然高举，右手持拍，手臂自然弯曲，将球拍举在右肩上方，手腕、拍面稍内旋，两眼注视来球。击球时，上臂后引，肘关节上提，将球拍后引至头部，自然伸腕（拳心朝上），然后在后脚蹬地、转体收腹的协调用力下，以肩为轴，上臂带动前臂快速向前上方甩腕，在手臂伸直的最高点击球。击球后，持拍手臂顺惯性往前下方挥动并收拍至体前，与此同时，左脚后撤，右脚向前迈出，身体重心由后脚移到前脚上。正手击高远球的技术难点在于：

图 3-10　正手高远球

一是以肩为轴，通过大臂带动前臂，最后"闪"动手腕击球；二是击球的一刹那产生爆发力，见图3-10。

正手高远球动作常见错误：(1)左手无任何动作。(2)击球点低，击球点落在肩的上方，手臂没有伸直在最高点击球。(3)击球前臂没有内旋动作，甩臂或抢大臂击球，击球没有爆发力。

(二)头顶高远球

对方来球在后场区，并且在左侧肩上方，那么击球点应选择在头顶上方的部位。这就是头顶高远球。头顶高远球的动作要领与正手高远球基本相同，只是击球点偏左肩上方。准备击球时，身体偏左倾斜。击球时，上臂带动前臂使球拍绕过头顶，从左上方向前加速挥动，注意发挥手腕的爆发力击球。落地时左腿向左后方摆幅较大些。

头顶击对角高球，握拍手法略有不同，用拇指和食指向左捻动拍柄，使虎口对准拍柄靠外的小棱边，球拍仍由右后绕过头顶，小臂向左前方内旋带动手腕屈收发力，形成鞭击，击球托的左后部。击球后，小臂内旋较明显，惯性作用小，手臂自然往前摆动，见图3-11。

图 3-11　头顶击对角高球

(三)反手高远球

对方的来球向左后场区的时候，首先判断好对方来球的方向和落点，迅速将身体转向后方。移动步法，最后一步用右脚交叉跨到左侧底线，背对网，身体重心在右脚上，使球处在身体右上方。击球时，反手握拍以大臂带动前臂，产生初速度；在肘部上抬至与肩平行时，转为前臂带动腕部，通过手腕的闪动，自下而上地甩臂将球击出。在最后用力时，要注意拇指的侧压力与甩腕的配合，以及两腿蹬地转体的全身协调用力，见图3-12。

反手高远球动作常见错误：(1)错误握拍法影响动作的发力。(2)错误的发力动作。即伸腕发力，转体轮大臂发力，用身体后仰动作发力。(3)击球点偏后，影响发力。

图 3-12 反手高远球

二、吊球

对方击来高球，本方可以从后场轻击、轻切、轻劈到对方的近网附近，这叫吊球。吊球根据其动作方法、球的飞行弧线的不同可分为轻吊、拦吊、劈吊；根据出手的位置和球落向的位置又可分为：

（一）正手吊直线球和对角线球

吊直线球时，击球用力的方向是朝前下方，但是击球瞬间，小臂突然减速，用手腕的闪动向下轻轻切击球托的右侧后下方，使球越网后即下落；吊对角线球时，击球方向是对角线斜下方，见图 3-13。

正手吊球动作常见错误：（1）采用正拍面击球。（2）击球时降低击球点，动作放慢，球速放慢。（3）发力时没有手指、手腕动作。

图 3-13 正手吊直线球和对角线球

（二）头顶吊直线球和头顶吊对角线球

击球动作几乎和头顶直线高远球相似，只是击球的瞬间，小臂突然内旋并往前下方挥拍，手腕的外伸，中指、无名指、小指屈指外拉，拇指、食指捻动发力，带动球拍外旋轻点球托的左侧后下部，球沿直线飞行，见图 3-14。

头顶吊球动作常见错误：（1）吊球时，小臂无内旋动作，拍子无外旋动作。（2）击球点太靠后，击球部位不正确。

图 3-14　头顶吊直线球和头顶吊对角线球

（三）反手吊直线球和反手吊对角线球

反手吊直线球和反手吊对角线球的击球前的动作同反手击高球动作类似。不同的是小臂要上摆，用拇指内侧顶住拍柄，手腕向后"甩腕"轻击球托的后下部位，使球的飞行方向朝着直线或对角线方向落到对方网前，见图 3-15。

图 3-15　反手吊直线球和反手吊对角线球

三、杀球

杀球是把对方击来的球在尽量高的击球点下压下去。这种球力量大，弧线直，落地快，给对方的威胁很大。它是进攻的主要技术。杀球分为正手杀直线和对角线球、头顶杀直线和对角线球、正手腾空突击杀直线球和反手杀直线球。

（一）正手杀直线球（侧身起跳）

准备姿势和动作要领与正手击高球大体相同。步子到位后，屈膝下降重心，准备起跳。侧身起跳时，往右上方提肩带动上臂、前臂和球拍上举，以便向上伸展身体。起跳后，身体后仰挺胸成反弓形。接着右上臂往右后上摆起，前臂自然后摆，手腕后伸，前臂带动球拍由上往后下挥动，这时握拍要

松。随后凌空转体收腹带动右上臂往右上摆起，肘部领先，前臂全速往前上挥动，带动球拍高速前挥。当击球点在肩的前上方时，前臂内旋，腕前屈微收，闪腕发力杀球。这时手指要突然抓紧拍柄，把手腕的爆发力集中到击球点上。球拍和击球方向水平面的夹角小于90°，球拍正面击球托的后部，使球直线下行。杀球后，前臂随惯性往体前收。在回位过程中将球拍回收至胸前，见图3-16。

图 3-16 正手杀直线球

（二）正手杀对角线球（侧身起跳）

准备姿势和动作要领与正手杀直线球相同。不同点是起跳后身体向左前方转动用力，协助手臂向对角线方向击球。头顶杀直线和对角线球：动作要领和准备姿势与头顶击高球相同。不同点是挥拍击球时，要集中全力往直线方向（参考图3-16）或对角线方向（图3-17）下压，球拍面和击球方向水平面的夹角小于90°。

图 3-17 正手杀对角线球

图 3-18 反手杀直线球

（三）反手杀直线球

准备姿势和动作要领与反拍击高球相同。不同点是击球前的挥拍用力要大，击球瞬间球拍与杀球方向的水平面夹角小于90°，见图3-18。

（四）腾空突击杀直线球

侧身右脚后退一步准备起跳。起跳后，身体向右后方腾起，上身右后仰或反弓形，右臂右上抬，肩尽量后拉。击球时，前臂全速往上摆起，手腕从后伸经前臂内旋至屈收，同时握紧球拍压腕产生爆发力，高速向前下击球。突击扣杀后，右脚在右侧着地屈膝缓冲，重心在右脚前；右脚在左侧前着地，利用左脚蹬地向中心位置回动，手臂随惯性自然往体前回收（图3-19）。

图 3-19　腾空突击杀直线球

第四节　前场击球技术

前场技术包括网前的放、搓、推、勾、扑、挑球等。其中搓、推、勾、扑属进攻技术，要求击球前期动作具有一致性，击球一刹那产生突变；握拍要活，动作细腻，手腕、手指要灵巧，以控制好球的落点。前场击球的威胁较大，因球飞行距离较短，落地快，常使对手措手不及而直接得分。即使不能直接得分，也能迫使对方被动回球，创造下一拍的机会。若网前进攻和中后场进攻能紧密结合起来，则能发挥前后场的连续进攻，掌握主动权，见图 3-20 及图 3-21。

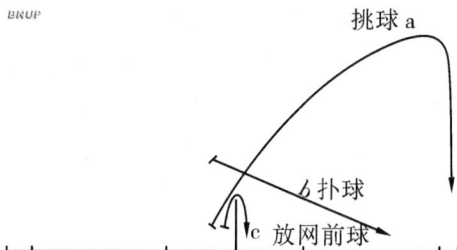

图 3-20　挑球、扑球、放网前球路线

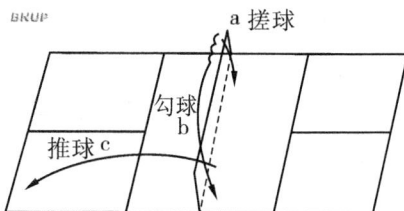

图 3-21　搓球、勾球、推球路线

一、放网前球

放网前球是用球拍轻切、送，把球击过网，球一过网就朝下坠落的技术动作。

（一）正手放网前球

当对方将球击至自己正手网前时，以正手握拍法，用球拍轻切、托，将球向上弹起恰好一过网就朝下坠落，其一般的动作是：侧身向球的方向移动，上身稍前倾，右手握拍于体前。步法移动的最后一步是右脚向来球方向跨大弓箭步，身体重心要提高，前臂伸向来球，要往前上方举，稍上仰，斜对网。争取高点击球，握拍放松稍收腕，向球托斜侧提击或搓切。击球过程中左手要向后平举以协调动作。挥拍的力量、速度和拍面角度的大小，主要取决于来球离网的远近和速度的快慢。来球离网远，速度快些，则放球时的力量要大些，反之则力量要小些。放网后，身体还原准备姿势，见图 3-22。

图 3-22　放网前球

（二）反手放网前球

击球前的动作要领同正手放网前球动作，只是方向相反。反手握拍，反面迎球，击球时，主要靠小臂的前伸、外旋和手腕由内收至外展的合力，轻切球托底部把球轻送过网。击球后，整个动作还原成下次击球的准备姿势。

二、搓球

搓球是用球拍搓击球的左侧或右侧下部，使球向右侧或左侧旋转与翻滚过网的技术动作。

（一）正手网前搓球

击球前，小臂稍外旋，手腕由后伸至稍内收闪动；击球时在正手放网前球动作基础上，加快挥拍速度，搓切来球的右下部，使球旋转滚过网，见图 3-23。

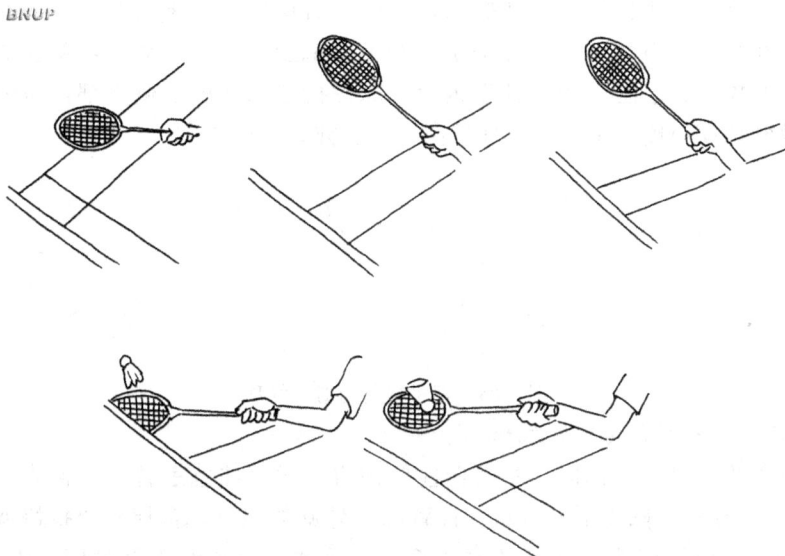

图 3-23　正手网前搓球

（二）反手网前搓球

击球前，小臂前伸外旋，手腕由内收至外展状；搓击球的右侧后底部，使球侧旋滚动过网。另外还可以小臂稍伸直，手腕由外展到内收，带动球拍向前切送，击球托的后底部，使球下旋滚动过网。反手搓球易犯错误：(1)握拍太紧，动作僵硬，不是搓球而是将球弹出；(2)动作太大，用前臂砍、切球；(3)搓球部位不正确，球不旋转；(4)握拍的手心没有空出，击球时手指没有捻动动作。

（三）搓球的技术关键

应争取较高的击球点，搓球时出手要快，根据球离网的远近，运用手指灵活控制好球的角度和击球力量。击球点离网较远时，球拍后仰的程度适当小一些。切击球托时，应有足够向前的力量，否则容易造成球不过网；击球点离网较近时，球拍后仰的程度要大一些。切击球托时，以切削为主，力量也较小。

三、勾球

勾球是指将球从网前一点斜着飞越网顶到对方场区另一点的技术动作。

（一）正手网前勾对角线球

勾球一般采用并步加蹬跨步上网的步法。在步法移动的同时，球拍随着前臂往右前上方举起。前臂前伸的同时，稍有外旋。手腕微后伸，这时的握拍稍有变化——将拍柄稍向外捻动，使拇指贴在拍柄的宽面上，食指的第二指节贴在与其相对的另一个宽面上，拍柄不触及掌心。击球时，靠前臂稍有内旋往左拉收，手腕由稍后伸至内收。球拍拨击球托的右侧下部，由手腕和手指控制拍面角度，击球后，球拍回收至胸前，见图3-24。

图 3-24　正手网前勾对角线球

（二）反手网前勾对角线球

随着步法移动的同时，手臂向左侧前方平举（注意手臂不要伸直，稍弯即可）。击球时，随着肘部下沉，前臂回收外旋的同时，食指和拇指协调用力捻动拍柄，使拍面拨击球托的左侧后部，将球沿对角线飞越过网，击球后，球拍回收至胸前，为下次击球做准备，见图3-25。

图 3-25　反手网前勾对角线球

（三）勾球的技术关键及常见错误

1. 伸腕或屈腕动作要突然、短小、快速，使拍面对着出球方向。

2. 手臂前伸引拍动作僵直，无法控制勾球的角度和力量的轻重。

3. 过于强调手指手腕的动作，忽视了手臂的带动回收作用，很容易造成失误。

4. 引拍动作前臂和手腕没有外旋（或内旋）动作，易被对方识破动作意图，达不到推、搓、勾球动作的一致性和突变性。

四、推球

推球是把对方击来的网前球推击到对方的后场去的技术动作，推球飞行的弧线较低平，速度较快。

（一）推直线球

站在网前，当球飞过来，球拍向右侧前上举。在肘关节微屈回收时，小臂稍外旋，手腕稍后伸，球拍也随着往右稍下后摆，拍面正对来球。小指和无名指稍松开，使拍柄稍离开手掌鱼际肌。击球时，手腕由后伸至伸直并闪腕，食指前压并小指、无名指突然握紧拍柄，急速挥拍推球，见图 3-26。

图 3-26　推直线球

（二）正手推对角线球

推对角线技术的准备姿势和击球前动作与推直线相同，但是击球时击球点在右肩前，要推击球托的右侧后部，使球沿对角线方向飞去。这时，手腕控制拍面角度，闪腕时手臂不要完全伸直，见图 3-27。

图 3-27　正手推对角线球

（三）反手推直线球

在网前较高的击球点上，以反手握拍法，用推击的方法向对方底线击出弧度较平、速度较快的球。其击球动作是：用反手握拍法，前臂伸时稍外旋，手腕由外展至伸直闪腕，中指、无名指和小指突然握紧拍柄，拇指顶压球拍，往前挥拍，推击球托的左侧面，见图 3-28。

图 3-28　反手推直线球

（四）反手推对角线球

反手推对角线的击球动作基本与推直线相同，区别点是在击球一刹那要急速向右前方挥拍，推击球的左侧后部，使球沿对角线方向飞行，见图 3-29。

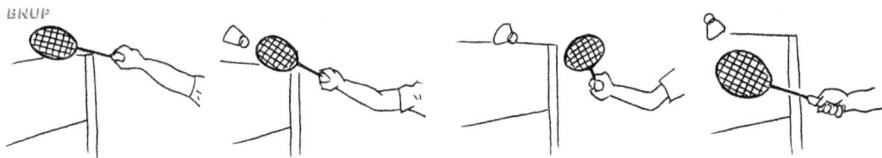

图 3-29　反手推对角线球

（五）推球的技术关键和常见错误

1. 击球点要高，控制好拍面角度。

2. 拍的预摆幅度要小，发力要短促快速。

3. 握拍太死，完全用小臂和手腕发力，导致动作过大。

4. 击球点太低，推球的弧线太高或下网。

5. 球拍后摆过大。

五、扑球

扑球是当来球在网顶上方时，以最快的速度上网扑压来球的技术动作。

（一）正手网前扑球

身体腾空跃起或右脚蹬跨的同时，前臂往前上方举起，球拍正对来球方向。击球时，随着手臂由屈至伸，手腕由后伸至向前闪动及手指的顶压，将球扑下。其中手腕是控制力量的关键，挥拍距离短，动作小，爆发力强，扑击的球才会具有一定威胁。如果球离网顶较近，就采用"滑动式"扑球方式，用手腕从右向左将球摸压下去，这样可以避免球拍触网犯规。扑球后，注意腿上的缓冲，控制重心，以免身体触网，见图 3-30。

图 3-30　正手网前扑球

（二）反手网前扑球

反手握拍持于左侧前。当身体跃起或蹬跨上网时，球拍随前臂前伸而举起，手腕微屈，拇指顶压在拍柄宽面上，其他四指自然并拢，拍面正对来球。击球时，手臂由屈至伸，手腕由微屈至后伸并用力闪动，拇指顶压，加速挥拍扑击，击球后，球拍随手臂回收至体前。

（三）扑球动作的常见错误

1. 动作太大，挥拍时间长，因而不能及时把握时机，并且易出现触网犯规现象。

2. 手腕没有闪动动作，使球缺少向下的飞行趋势，容易造成底线出界。

3. 扑球动作向前惯性大，往往只注意手上的动作，而忽视击球后的腿的缓冲动作，因而容易造成犯规。

六、挑球

挑球是指把球从网前挑向对方后场的技术动作。

（一）正手网前挑球

准备动作同正手放网动作。击球前前臂充分外旋，手腕尽量后伸。击球时，从右下向右前方至左上方挥拍击球。在此基础上，若球拍向右前上方挥动，挑出的是直线高球；若球拍向左前方挥动，挑出的则是对角高球，见图 3-31。

图 3-31　正手网前挑球

（二）反手网前挑球

准备姿势同反手放网动作。击球前右臂往后拉抬肘引拍。击球时前臂充分内旋，手腕由屈至后伸闪动挥拍击球。若球拍由左下向左前上方挥动，则球向直线方向飞行；若球拍由左下向右前上方挥动，则球向对角线方向飞行。

（三）挑球的技术关键

1. 要根据球离网的远近适当调整拍面角度和用力方向。

2. 手腕闪动挥拍动作要有爆发力。

第五节　中场击球技术

一、接杀球

把对方扣杀过来的球还击回去，称为接杀球。接杀球一般采用挡球、抽球和推球技术。接杀球是防守技术，但只要反应快，判断准，手法娴熟，回击球的落点和线路运用好，在防守中体现快的精神，就能够创造由守转攻的条件，路线见图 3-32。

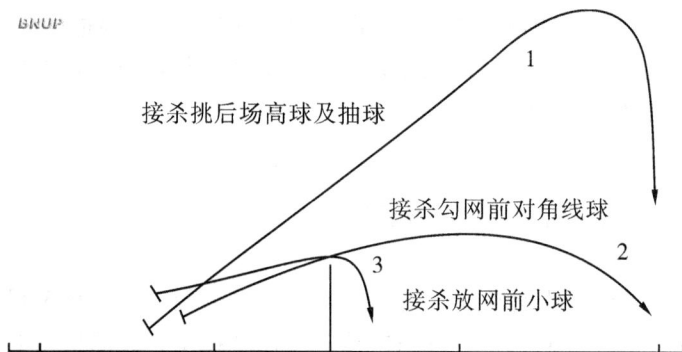

接杀挑后场高球及抽球

接杀勾网前对角线球

接杀放网前小球

图 3-32　接杀球路线

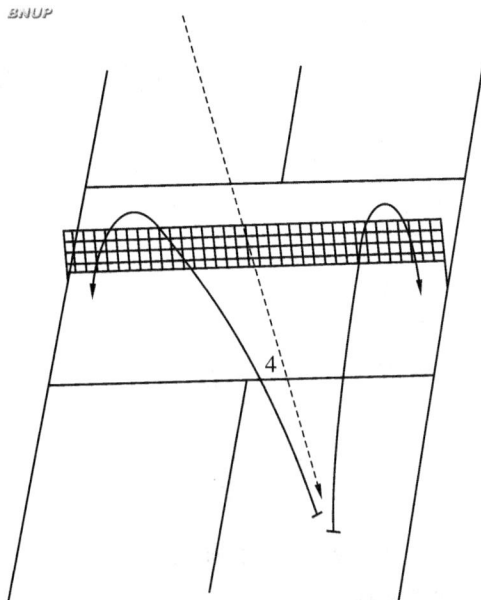

图 3-32 接杀球路线（续）

（一）挡网前球技术

挡网前球技术：用接杀球的步法移至右场区边线，身体右倾，手臂右伸，前臂外旋，手腕外展。持拍准备接球。击球时，前臂内旋稍翻腕带动球拍从右下向前上方推送击球，把球推向直线网前，见图 3-33。

图 3-33 挡网前球技术

另一种是击球时前臂由外旋到内收，带动球拍由右向前切送挡直线网前。击球后，身体左转成正面对网，然后右脚上前一步，球拍随身体向左转收至体前。

1. 正手挡对角网前球

准备姿势同上。挥拍击球时，在肘关节屈收的同时，前臂稍有内旋，手腕由后伸到内收闪动击球托的右侧。击球点在右侧前，手腕手指控制拍面角度，使球向对角线网前坠落，见图 3-34。

43

图 3-34　正手挡对角网前球

2. 反手接杀挡直线网前球

用接杀球的步法移至左场区边线，身体左转前倾，右肩对网，右肘弯曲，手腕外展，引拍于左肩前上方。击球时，借对方来球的冲力，以前臂带动球拍由左上方向左前方，用拇指的顶力挥拍轻击球托，把球挡回直线网前。击球后，身体右转成正面对网，球拍随身体的移动收至体前，见图 3-35。

图 3-35　反手接杀挡直线网前球

3. 反手接杀勾对角网前球

用反手接杀勾对角法，击球时，手腕由外展至后伸闪动挥拍击球托的左侧下部，使球向对角飞行。

4. 正手接杀挑直线后场高球

击球前右臂稍向右后拉，前臂外旋，手腕尽量后伸，引拍于右后侧。击球时，前臂内旋，手腕从后伸到收腕闪动，急速向前挥拍将球挑到对方后场。击球后前臂内旋，球拍往体前上方挥动再回收到体前。

5. 反手接杀挑后场高球

击球前，小臂内旋，手腕外展，引拍至左侧前。当对方杀左边线球时，快速移到球前，大臂支撑，小臂急速往右前方挥摆，手腕由外展至后伸闪动，握紧球拍，加上拇指的顶力，全速挥拍击球，使球向直线方向飞行。若向对角线方向挥拍，则球向对角线方向飞行。

（二）接杀球常见错误及纠正方法

1. 反应慢，接不到球，接杀球不过网。

2. 要训练良好的接杀球准备姿势，做到屈膝提踵，低重心的灵活站位姿势，有利于起动。多练接杀球练习，训练反应速度和判断能力。

3. 握拍要灵活，触球时拍面后仰一些，适当增加向上方的提拉力量。

二、平抽平挡

（一）正手平抽球

站在右场区的中部，两脚平行站立稍宽于肩，重心在两脚间，微屈膝收腹，正手握拍举于右肩前。击球前肘关节前摆，前臂稍往后带外旋，手腕稍外展至后伸，引拍至体后。击球时前臂内旋，手腕伸直闪动，手指抓紧拍柄，球拍由右后往右前方高速平扫盖击来球。击球后手臂左摆，左脚往左前方迈一步，右脚跟一步回中心位置，见图3-36。

BNUP

图 3-36　正手平抽球

图 3-36　正手平抽球(续)

(二) 反手平抽球

右脚前交叉在左侧前,重心在左脚上,右手反手握拍在左侧前。击球前肘部稍上抬,前臂内旋,手腕外展,引拍至左侧。击球时,在髋的右转带动下,前臂外旋,手腕由外展至伸直闪动,挥拍击球托的底部。击球后,球拍随身体的回动收回到右侧前。

平抽球常见错误:(1)身体重心不稳,影响了手臂的击球动作。(2)击球时间掌握不准确。(3)击球时没有完成前臂带动腕部,手指抽鞭式地向前闪动,影响了爆发力,见图 3-37。

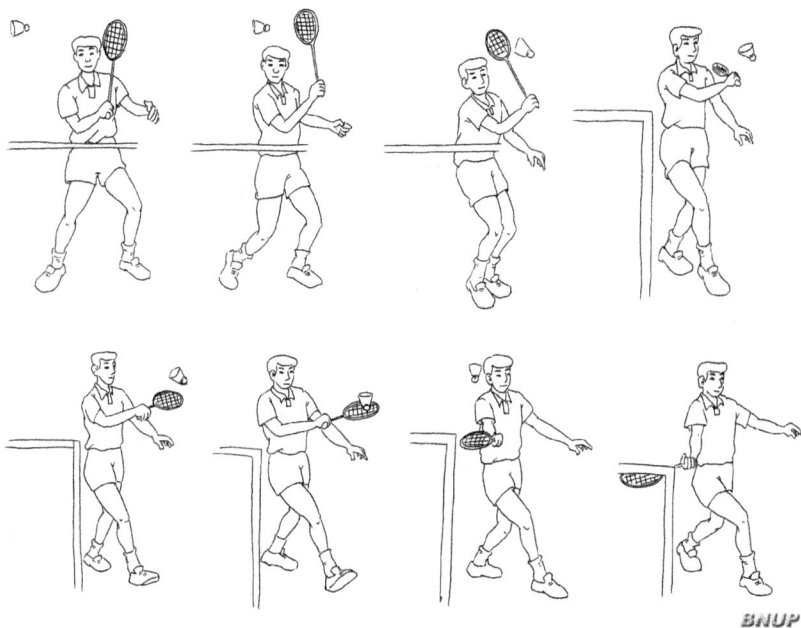

图 3-37　反手平抽球

（三）正手平挡

两脚分开，右脚稍前，左脚在后，两膝弯曲成半蹲式，正面握拍（虎口对宽面），举起球拍，拍面超过头顶。当判断来球是在头顶上时，身体稍往前移，同时左脚往前跨一小步，右脚稍微伸直，成左弓箭步，把击球点选在右肩的前上方。上臂向前上方抬起，肘弯曲，前臂稍后摆带有外旋，引拍于头后。击球时前臂向前，手腕由后伸至前屈闪动挥拍击球托的后部，使球平直、急速地飞向对方中间场区附近。击球后，球拍随势前盖，右脚往左前方迈一步，站在中线两侧稍偏后的位置上，球拍由左下方回举至前上方，准备迎击第二次来球，见图 3-38。

图 3-38　正手平挡

（四）反手平挡

两脚平行站在左场区，重心在右脚，举拍于右侧前。当判断来球是在左场内时，右前臂往左摆，身体稍向左转至右肩对网，左脚也往左侧迈一小步，前臂内旋，手腕外展引拍于左侧后。击球时，前臂外旋，手腕伸直闪动，手指突然抓紧拍柄，前盖球托后部，使球比较平直地向前飞进，见图 3-39。

图 3-39　反手平挡

第六节　被动击球技术

被动击球技术是指在位置、时间、用力等方面均处于不利的情况下来完成的一种应急技术。被动技术大致分为：网前被动击球技术和后场被动击球技术。

一、网前被动击球技术

（一）正手网前被动勾对角球

步法加快，步幅加大，身体尽量前倾，重心落在右脚上，左脚尖内侧着地，左膝贴近地面成最大弓箭步。右手正握拍尽量前伸，前臂外旋，手腕外展，左手后伸保持平衡。击球时，以前臂内旋和手腕内收及食指回勾，在贴近地面处挥拍击球托的右后底部，把球勾回对角网前。

（二）反手网前被动勾对角线球

步法、身体姿势与正手网前勾对角动作相似。击球时，前臂伸直，手腕从外展到内收，突然闪动，拇指外侧顶推球拍内侧的小棱边，使球拍从左向右切击球托的左下部，把球勾向对角网前。

（三）右场区被动接吊放网前球

此动作与挑高球基本相同。不同的是放直线网前力量较小，挥拍速度较慢，手腕略后伸。击球主要靠身体前冲的力量和前臂稍有外旋，手腕内收及手指的力量击球托的底部。

（四）左场区被动接吊放网前球

此动作与反手挑高球基本相同。不同的是放网前球不需要很大的爆发力和挥拍速度。击球时，前臂前挥，手腕从外展到内收，切击球托的底部，使球向前上飞行。击球时主要是拇指从原来握在拍柄的宽面上变为握在宽面和小棱边的棱角上，掌心离开拍柄。

（五）左场区被动接吊挑直线高球

准备姿势和反手网前被动勾对角相同。击球时前臂右侧下摆并外旋，手腕充分后伸，肘关节稍弯曲，前臂向前上加速挥臂的过程中带有外旋，手腕由后伸到伸直闪动击球托的底部，使球向前上方飞行。

（六）左场区被动接吊挑对角高球

同左场区被动接吊挑直线高球。唯一不同的是球拍由左下向右前上方挥动，击球托的左底部，使球向对角上方飞行。

（七）右场区被动接吊挑直（斜）线高球

准备姿势和正手网前被动勾对角相同，击球前前臂充分外旋，手腕尽量后伸。击球时，从右下向右前方至左上方挥拍击球。在此基础上，若球拍向右前上方挥动，挑出的是直线高球；若球拍向左前方挥动，挑出的则是斜（对角）线高球。

二、后场被动击球

（一）正手后场被动击球

击球时，右脚向右侧后跨大步至右场区后底线，脚尖朝外，重心在右脚，右腿稍弯曲伸在左侧后，脚前掌内侧着地成后退侧蹬跨步。击球前正手握拍，肩关节后展，上臂后拉，肘关节保持适当角度，手腕外展后伸，尽量向后引拍。击球时充分利用腰和肩的力量，前臂由外旋到内收，手腕由外展后伸至伸直闪动，全速挥拍击球托的中下部，使球沿直线向前上方急速飞行，在上述动作的基础上，用前臂和手腕控制击球的力量和方向，可还击直线网前和对角网前。

（二）反手后场被动击球

根据来球情况决定击球的方法：若来球稍过头顶，可用快速转向起跳，反手握拍在空中反弹击球至对方后场；若来球低于肩高于腰，可用快速转身，以左脚为轴，重心下降，上臂后拉，再以身体迅速向右转动的助力带动手臂全速向前反抽对方后场。击球后，右脚随着身体的右转惯性由左前移至右侧，正对球网；若来球已下落至腰以下，无法打后场时，可用重心更低的反抽动作轻击球托后下部位，用前臂或手指控制力量和角度，使球飞向直线网前或对角网前。

第七节　步　法

羽毛球步法是指在大约 35 平方米的本方场地上，进行快速、合理并又有一定规律的上网、后退、两侧移动和起跳腾空的方法。步法是羽毛球技术的重要组成部分，许多击球技术都是靠熟练、快速、准确的移动来完成的。不掌握正确的步法，就会影响各种击球手法的学习和掌握，而在比赛中如没有到位的步子，就会使手法失去应有的积极作用。处于被动状态时步法在击球过程中具有十分重要的地位和作用。每一次完整的步法，均包括起动、移动、协助完成击球和回动四个环节。

起动：起动来自判断和反应。判断正确，反应快是迅速起动的前提。

移动：从中心位置到击球位置，运动员在场上的速度快慢，很大程度表现在移动上。

协助完成击球动作：羽毛球技术在击球时，不单是上肢挥拍击球，还需要下肢配合共同发力来完成动作。合理的步法有助于击出高水平的球。

回动：击球后快速回到场区中心，做好迎接下一来球的准备。

一、上网步法

上网步法包括：跨步上网、垫步或交叉步上网、蹬跳上网等。不论用哪种步法上网，其上网前的站位及准备姿势都是一样的。即站位取中心位置，两脚左右开立（稍有前后），约同肩宽，两膝微屈，两脚前脚掌着地，后脚跟稍提起并左右微动，上体稍前倾，右手持拍于体前，两腿注视对方的来球。

（一）跨步上网

判断准对方来球后，左脚掌内侧用力蹬地并侧身向来球方向迈出，接着右脚也向前迈一大步，以脚掌外侧和脚跟先落地，再过渡到前脚掌，右膝关节弯曲并成弓箭步。紧接着左脚自然地向前脚着地方向靠上小半步。击球后，右脚蹬地用小步、交叉步或并步回到中心位置，见图 3-40。

跨步上网时注意事项：右腿成弓箭步时，要防止因上网前冲力过大使重心越过右腿而失去身体平衡，另外，前脚脚尖应朝着边线方向，而不应朝向内侧。

两步蹬跨上网步法：起动后，左脚先朝球的方向迈一步，紧接着左脚后蹬，侧身将右脚朝球的方向迈一大步，见图 3-41。

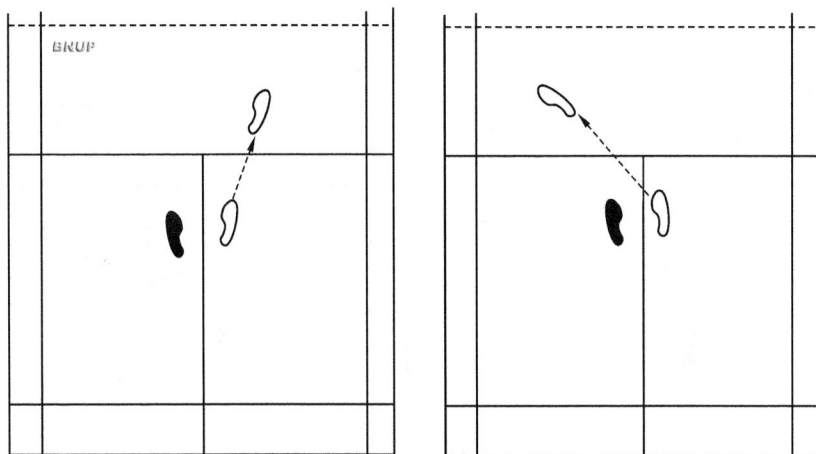

图 3-40　跨步上网

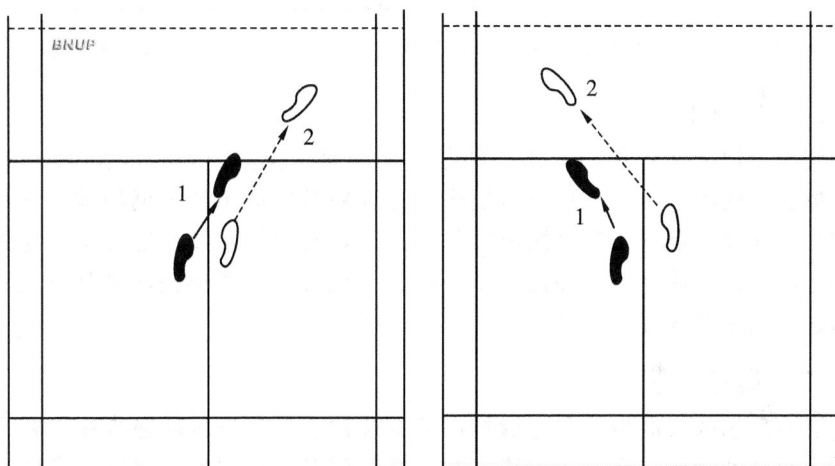

图 3-41　两步蹬跨上网步法

（二）垫步或交叉步上网

起动后，稍向左转身，以右脚向左前场迈一步，紧接着左脚后蹬侧身将右脚向前跨一大步，用反手击球，垫步或交叉步上网的优点：步子调整能力强，在被动情况下，能利用蹬力强、速度快的特点迅速调整脚步，去迎击来球，垫步或交叉步上网的注意事项同跨步上网，见图 3-42。

后交叉蹬跨上网步法：起动后，右脚先向球的方向垫一步，接着左脚往右脚后交叉一步（成侧身后交叉姿势），左脚一着地马上用力后蹬，侧身将右脚向球的方向跨一大步，用正手击球，见图 3-43。

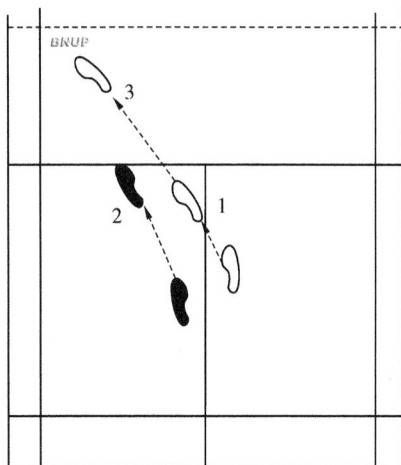

图 3-42　垫步或交叉步上网

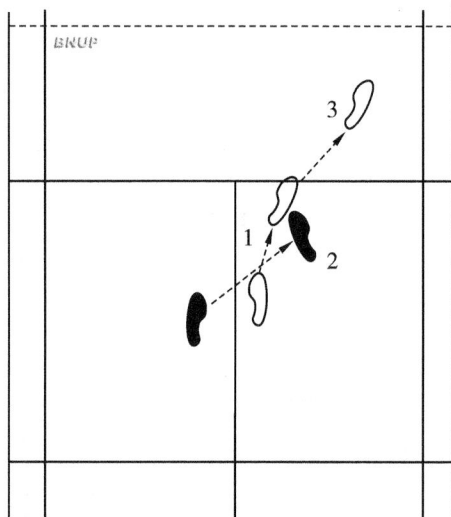

图 3-43　后交叉蹬跨上网步法

（三）蹬跳上网

蹬跳上网是在预先判断来球的基础上，利用脚的蹬地，迅速扑向球网，以争取在球刚越过网时立即进行还击。比赛中常用此步法上网扑球。其步法是站位稍靠前，对方一有放网前球的意图后，右脚稍向前触地便快速起蹬侧身扑向网前。击球后应立即退回中心位置。蹬跳上网既要快，又要防止因前冲力过大而触网或过中线犯规。

二、后退步法

有右后场区后退步法和左后场区后退步法。右后场区后退步法主要是正手后退步法和侧身并步后退步法；左后场区后退步法包括头顶后退步法和反手后退步法。不论是哪种后退步法，其移动前的准备动作和站位皆同上网步法。

（一）正手后退步法

正手后退步法有并步和交叉步两种。实战中可根据场上情况和个人特点灵活使用。判断准来球后，先调整重心至右脚，然后右脚蹬地迅速向右后撤一小步，同时上体右转，左肩对网，接着左脚用并步靠近右脚（或从右脚交叉后撤一步），右脚再向后移至来球位置。在移动的同时，必须完成挥拍击球前预备动作，待球在右肩上方下落时，做正手原地或起跳击球。击球后，身体重心随右脚前移迅速用小步跑或并步回到中心位置，见图 3-44。

（二）侧身并步后退步法

起动后，以左脚前掌为轴，右脚往右后侧蹬转后退一步，左脚即刻往右

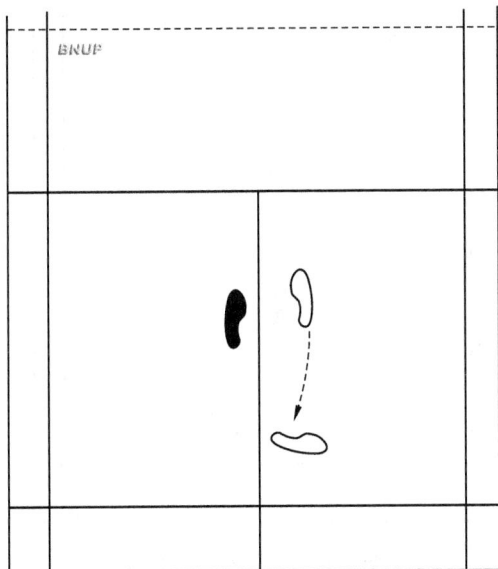

图 3-44　正手后退步法

脚并一步，紧接着右脚再向后撤一步，成侧身对网姿势。此刻，可原地击球或起跳击球，见图 3-45。

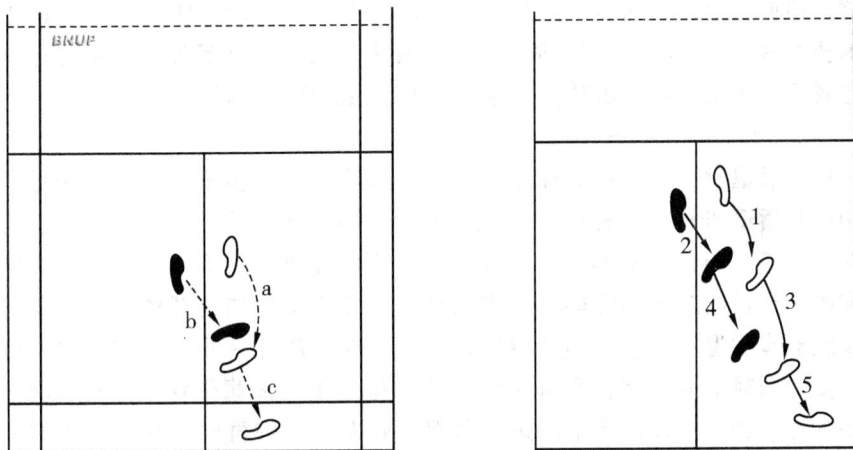

图 3-45　侧身并步后退步法

（三）交叉步后退步法

　　起动后，以左脚前掌为轴，右脚往后侧蹬转后退一步，步幅不宜过大，左腿即刻由右腿后交叉后退一步，紧接着右脚再往右后撤一步，成侧身对网姿势。可原地击球或起跳击球，见图 3-46。

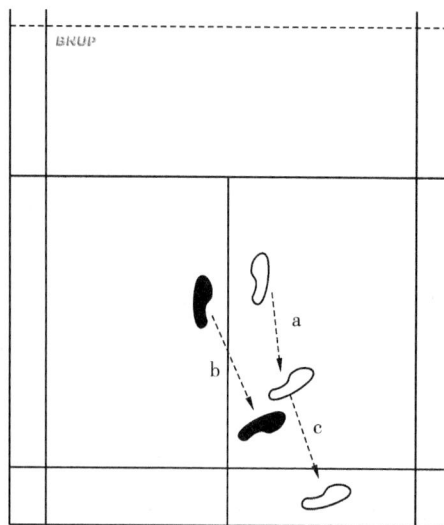

图 3-46 交叉步后退步法

（四）头顶后退步法

头顶后退步法是对方来球向左后场区，用头顶击球技术还击时所采用的后退步法。头顶后退步法也可用并步或交叉步移动后退。判断准来球后，右脚蹬地撤向左后方，同时，髋关节及上体向右后方转动（转动的幅度比正手后退要大些），且稍有后仰。接着，左脚用并步或交叉步后撤，右脚再退至来球位置用头顶击球技术击球。击球后，迅速回到中心位置。

（五）反手后退步法

反手后退时，应根据离球距离的远近来调整移动步子。如离球较近，可采用两步后退步法。一种是左脚先向左后方撤一步，接着，上体左转，右脚向左后方跨一步，背对网。另一种是右脚先向左脚并一步，然后，左脚向左后方跨一步，同时上体左转，右肩对网做反手击球。如离球较远，则要采取三步或五步后退步法。三步后退时，右脚先向左脚并一步，左脚再向左后方撤一步，同时上体左转，右脚再向左后方跨一步至来球位置，背对球网，做反手击球。如三步移动还未到来球位置，则左脚右脚再向后移动一步即成五步移动步法，见图 3-47。

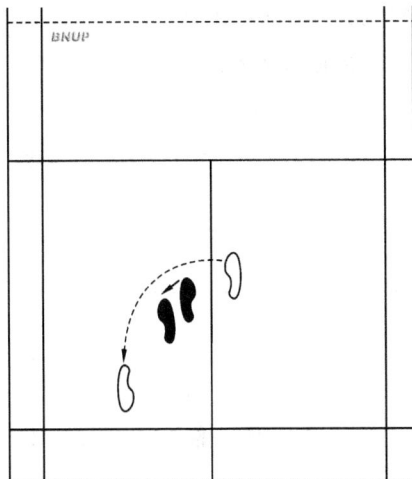

图 3-47   反手后退步法

三、两侧移动步法

多用于接对方的扣杀球和打来的半场低平球。其移动前的准备姿势及站位基本同上网步法。

（一）向右移动步法

判断准来球后，上体稍倾倒向左侧，用左脚掌内侧用力蹬地，右脚同时向右侧跨大步，髋关节随之右转、上体稍倾倒向右侧，重心在右脚上。若距来球较近，可采用上述动作，若距来球较远，则需左脚先向右脚垫一小步再起蹬，右脚同时向右侧跨大步，见图 3-48。

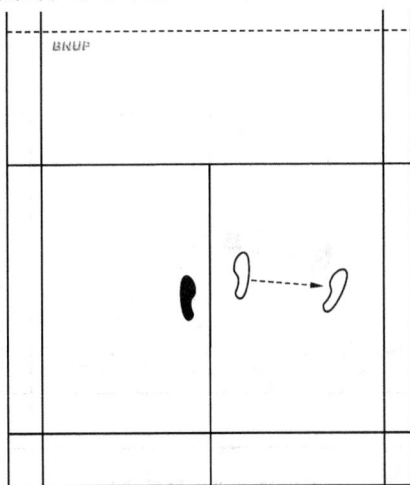

图 3-48   向右移动步法

向右移动并步加蹬跨步：从起动开始，身体倾向右侧，重心移动到右脚，左脚向右脚靠拢一小步并以前脚掌蹬地，向右侧转髋，右脚向右侧跨步，脚尖朝外，见图3-49。

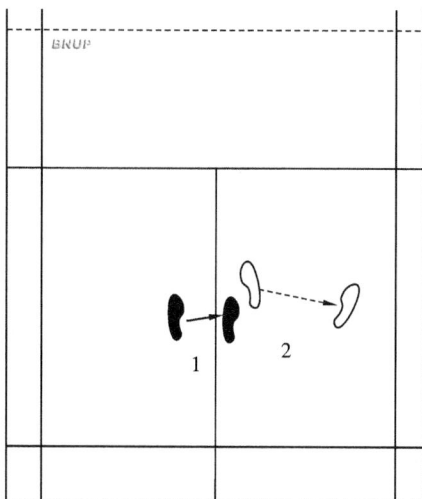

图 3-49　向右移动并步加蹬跨步

（二）向左移动步法

判断准来球后，上体稍倾倒向右侧，用右脚掌内侧用力蹬地，左脚随髋关节的转动同时向左侧跨大步。若来球较远，左脚先向左侧移一小步，紧接着右脚往左侧方向起蹬并转身，向左跨大步，见图3-50。

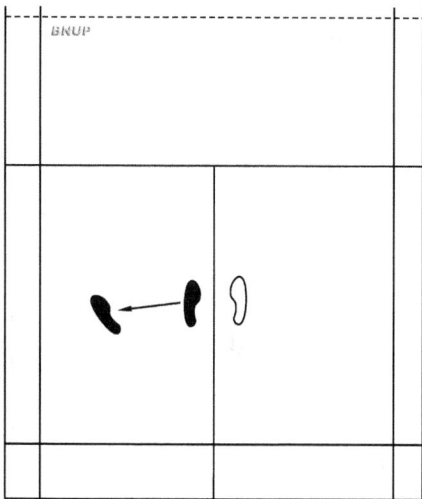

图 3-50　向左移动步法

（三）向左垫步加蹬转跨步

起动后，右脚掌内侧用力蹬地，同时向左转髋，左脚向左跨出一步，上身略向左侧倒，做抽、挡球，击球后左脚前掌回蹬，回中心位置。若起跳头顶突击，用左脚起跳，突击后，左脚先着地缓冲，回中心位置，见图3-51。

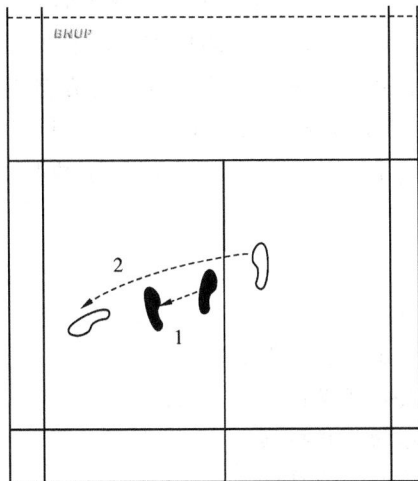

图 3-51 向左垫步加蹬转跨步

（四）左、右侧起跳步法

这种步法由于起跳加快了步法的速度和击球高度，具有较大的威胁性，常被称为突击步法，有两种起跳步法：（1）从准备动作开始，身体向右稍微斜一点，双膝向右侧微屈起；（2）从准备动作开始，右脚向右跨一小步起跳，或左脚向左跨一小步起跳，见图3-52。

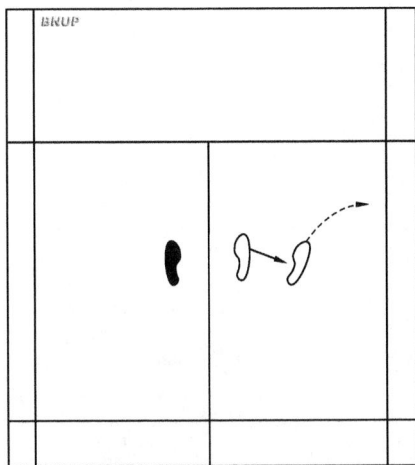

图 3-52 左、右侧起跳步法

四、起跳腾空突击步法

主要运用于向左、右两侧稍后的位置移动，突然起跳拦截对方击来的弧线较低的平高球。它的特点是起动快、动作突然，常在对方尚未站稳之际，给其以袭击，使对方防不胜防。当判断准来球飞向右侧底线且弧线较低时，右脚先向右后跨一步，接着左脚向右侧后蹬地，右脚起跳，身体向右侧后方跃起，截住来球，用正手击球技术扣杀或劈吊对方空当。当来球飞向左侧底线时，用右脚掌蹬地，左脚起跳，用正手击球技术突击对方。

在运用起跳腾空突击步法时应注意击球后落地时，要控制好身体平衡，并立即回到中心位置。

>>> 练习与思考

1. 击球前为何不能把球拍握得太紧？
2. 发高远球为何要把球发得又高又远？
3. 简述正手高远球的动作要领。
4. 简述反手高远球的动作要领。
5. 一次完整的羽毛球场上步法由哪几个环节组成？

羽·毛·球·网·球

第四章　羽毛球战术运用变化

本章要点

> 本章共四节，内容包括羽毛球运动技术简述，羽毛球单打战术的运用与变化，羽毛球双打战术的运用与变化，羽毛球混合双打战术的运用与变化。

第一节　羽毛球运动战术简述

当前世界羽毛球运动正朝着"快速、全面、进攻、多拍"的方向发展，为提高羽毛球技术水平，我们应该在技术、战术、身体素质、心理素质、智力等方面进行同步训练，形成一整套符合自己特点的训练体系才能使水平更快提高。

一、羽毛球运动的战术

羽毛球运动的战术是指运动员在比赛中为表现出高超的竞技水平和战胜对手而采取的计谋和行动。

二、技术、战术、身体素质、心理素质的关系

技术、身体素质、心理素质和战术之间是互相联系、互相依存、互相制约的辩证关系。技术、身体素质是战术的物质基础，心理素质是战术的思想保证。比赛中技术、身体素质、心理素质总是在具体的战术配合、战术行动中体现出来，并及时充分发挥和良好运用的，但是，先进的战术可以反过来积极地促进技术、身体素质、心理素质的提高和发展。

三、羽毛球比赛战术选择的重要性

羽毛球比赛中，双方始终贯穿着控制与反控制，制约与反制约的激烈争夺。双方为了争取主动，总是一方面力图发挥自己的特点，弥补自己的弱点；另一方面努力去限制对方特长的发挥，并扩大对方的弱点。这些意图都是通过战术的合理运用，抑彼之长，避己之短而实现的。比赛双方在旗鼓相当，势均力敌的情况下，正确运用战术，减少体力消耗，对取得胜利具有重要

意义。

四、我国的羽毛球战术指导思想

"以我为主""以快为主""以攻为主"是我国羽毛球战术的指导思想。

1. "以我为主"是不要脱离自己的技术、身体条件、身体素质、心理素质、打法特点去选择战术。

2. "以快为主"即在战术的变化和转换上要体现"快"的特点。发现对方技、战术优缺点后改变战术要快，要及时抓住时机迅速转换。

3. "以攻为主"即在判定战术时要强调进攻的主导思想，在防守时也要强调积极防守。

第二节 羽毛球单打战术的运用与变化

一、羽毛球单打战术运用的原则

第一，单打战术的运用必须坚持"以我为主""以快为主""以攻为主"的战术指导思想；第二，单打战术运用必须有的放矢，才能在战术运用上取得更良好的效果，因此，在赛前必须通过各种方法、手段获取各种信息，做到"知己知彼"，才能"百战不殆"；第三，单打战术运用必须随机应变，机动灵活地运用各种打法和战术，才能掌握更多的主动权；第四，单打战术运用必须善于察言观色，及时发现对方的战术意图，以便采取果断应变对策，给予对方出其不意的攻击；第五，单打战术运用必须发扬敢打敢拼的战术作风，才能使战术发挥更大的威力和效果。

二、羽毛球单打进攻战术的应变

（一）发球抢攻战术的应变

发球抢攻是比赛的重要得分手段，发球可根据对手的站位、回击球的习惯球路、反击能力、打法特点、精神、心理状态的情况，运用不同的发球方法，以取得前几拍的主动权。通过这一战术的运用，打乱对方的整个战略部署，造成对方措手不及。特别是在关键时刻，运用发球抢攻战术能达到不同的效果。在相持时可以用它来打开僵持的局面，力争主动，领先时可以用它来乘胜追击，一鼓作气战胜对手，落后时可以用它来做最后的拼搏，力挽狂澜，反败为胜。

1. 发前场区球抢攻战术

发前场区球有发一号区球、二号区球、一二号区之间球、发追身球，见图 4-1。发前场区球的目的主要是限制对方马上进行攻击，另一目的是通过准

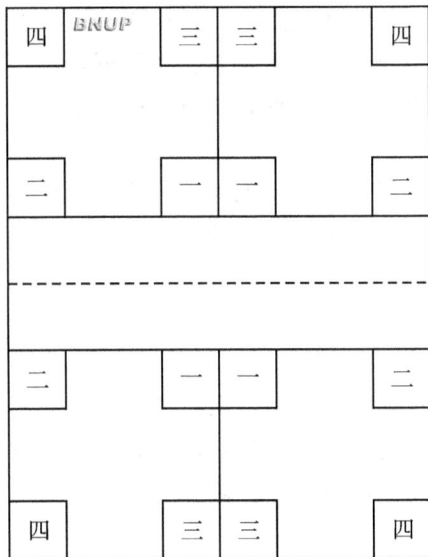

图 4-1　发球区域的划分

确、有意识的判断对方的回击球路，从而组织和发动快速强有力的抢攻，达到直接得分或获得第二次攻击的机会。发前场区球在一般情况下主要以发一二号区之间的球和追身球为主，这样比较稳妥不至于造成失误。如我方发出一个较高质量的前场区球，紧接着应该迅速而准确地判断对方回击球路的习惯路线及其意图，然后调整好自己的站位，以利于抓住有利战机，组织和发动进攻或获得第二次攻击的机会。

2. 发平高球抢攻战术

发平高球有发三号区、四号区及三四号区之间三种平高球。发平高球抢攻战术和发前场区抢攻战术的不同点在于发前场区抢攻可直接抓住战机进行抢攻，而发平高球抢攻则要通过守中反攻的手段才能获得抢攻之机会。

发平高球的目的，一是为了配合发前场区球抢攻；二是让对手进行盲目进攻或在我方判断的范围之中进攻，使发球方能从防守快速转入进攻之目的；三是造成对方由于失去控制而直接失误。

3. 发平射球主要是发三号区平射球

发平射球战术的目的，一是为了偷袭，如对方反应慢，或站位偏边线三号区空隙大时，偷袭三号区成功的可能性就大；二是为了逼对方进行平抽快打的打法；三是为了把对方逼至后场区而造成网前区的空隙。

（二）接发球抢攻战术的应变

接发球抢攻战术是接发球战术中最易得分、最有威胁的一种战术。但是，前提是对方在发球时质量欠佳，如发高球时落点不到位；发前场区球过网时过高；发平射球时速度不快，角度不佳；发平高球时节奏、落点、弧度不佳等都会造成接发球抢攻的机会。离开了这一前提条件而盲目地进行抢攻，效果就差，成功率就低。除此以外，还要有积极的、大胆的抢攻意识；要获得抢攻战术的成功（得分）还得根据自己的技术特点和身体条件，同时结合对方的技术特点、身体条件和心理素质。例如，当对方从右场区发一平高球落点欠佳，已造成我方发动抢攻的极好时机，应如何组织抢攻才能奏效呢？首先要在瞬间分析和判断对方发平高球不到位是有目的的呢，还是由于发球控制不好所造成的。如是有目的的，那要谨慎不能随便进攻，要控制好自己的身体重心，进攻后要能控制全场，特别是前场区。如果发球控制不好，则要果断大胆抢攻，在抢攻时除要运用自己最擅长的技术外，还要考虑到对方弱点和优点，来组织抢攻战术。

所以抢攻战术的完成要由两三拍抢攻球路的组织才能奏效。所以一旦发动抢攻就要加快速度，扩大控制面，抓住对方的弱点或习惯路线一攻到底，一气呵成完成一个组合的抢攻战术。

（三）单个技术的进攻战术应变

1. 重复平高球进攻战术

这种战术的特点是以重复平高球进攻对方同一个后场区，甚至可连续重复数拍，以求达到制对方于死地或逼对方击出一半场高球，以利我方进行最后一击。这种战术对回动上网快、控制底线球能力差以及侧身步法差的对手很有效果。

2. 拉开两边平高球进攻战术

这种战术的特点是使用平高球或挑球连续攻击对方两边后底线，以求获得主动权，或逼对方采用被动的战术，以利于我方进行最后一击。采用这种战术，要求击球方控制好高球的出手速度、击球的准确性和动作的一致性等。这种战术对回动上网快、两底线攻击能力较弱的对手是很有效果的。

3. 重复吊球战术

这种战术特点是重复进行吊两边或吊一点，以求达到获得主动攻击权。这种战术在什么情况下采用会有效果呢？一是对方上网步法差；二是对方打底线球不到位，而急于后退去防守我方的杀球时；三是我方吊球技术较好，并能掌握假动作吊球。

4. 慢吊（软吊、近网吊球）结合快吊（劈吊、远网吊球）战术

所谓慢吊（软吊、近网吊球）是指球从后场吊球至网前的速度较慢，且弧度较大，落点离网较近。采用此种技术结合平高球是为了达到拉开对方站位的目的。所谓快吊（劈吊、远网吊球）是指球从后场吊球至网前的速度较快，出球基本成一直线，落点离网较远。这是当对方站位被拉开，而身体重心失去控制的一瞬间，所采用的一种战术。

5. 重复杀球进攻战术

当遇上一位防守时经常习惯反拉后场球的对手时，就可采用重复杀球的进攻战术。采用这种战术首先要了解对手的情况，然后先运用轻杀或短杀，此时，我方不能急于上网而是调整好自己的位置以利于采用重复杀球的战术。

6. 长杀结合短杀（点杀、劈杀）的进攻战术

如何使用长杀结合短杀（点杀、劈杀）的进攻战术呢？"直线长杀，对角短杀"就是对这一战术的概括。它比起直线短杀结合对角长杀效果会更好。因为"直线长杀结合对角短杀"造成对方接杀球时需移动的距离比较远，增加了防守的难度。

7. 重杀与轻杀的进攻战术

半场重杀，后场轻杀就是这一战术的概括。当我方通过拉吊创造出半场球的机会时，应该采用重杀战术。反之球在后场我方还想采用杀球时一般多用轻杀。因为半场球用重杀，哪怕是失去身体重心，也不至于造成控制不了网前的局面，但是，如果在后场采用重杀，万一失去身体重心，上网慢了就控制不住网前。而轻杀可使自己保持较好的身体重心位置，以利于下一步控制网前。

8. 重复搓球进攻战术

当碰到对方上网搓球之后习惯很快退后的对手时，我方就可采用重复搓球之战术，达到获得主动权的机会及破坏对方后退进攻的意图。

9. 重复推球进攻战术

当碰到对方从后场拦网前球之后迅速回动至中心的对手时，我方就可采用重复推球之战术。特别是反手网前推直线球威胁更大。

10. 二边勾球进攻战术

当我方从网前勾对角网前球，对方回搓一直线网前并退后想进攻时，我方可以再勾一对角线球。运用这一战术来对付转体差的对手时更有效。以上所阐述的单个技术的进攻战术，主要是指各种技术的重复运用。要想运用好单技术的重复战术，首先是要练好该技术的基本功，以便能达到更有威胁性的效果，然后根据比赛场上对手的实际情况确定采用何种单一重复战术，以便发挥更大的威力。

（四）组合技术的进攻战术的应变

1. 以平高球开始组织的进攻战术

所谓"快拉快吊结合突击"的打法，实际上就是以平高球开始组织进攻的战术。单打比赛中，一个球的争夺一般有三个阶段，即控制与反控制阶段，主动一击阶段及最后致命一击阶段。例如，我方从正手后场区开始以直线平高球攻击对方头顶区，对方想摆脱被动局面反打一对角平高球，企图让我方回击直线高球，以便造成对方主动之位置，此时，我方已意识到对方的平高球之意图，而反压对方头顶区（采用重复平高球战术）逼对方回击一直线高球，而且移开了对方的中心位置，获得了主动一击的战机，并迅速地采用吊

劈对角球，从而控制了整个局面。此时，对方很被动地接回一个直线网前球，我方轻松地判断到对方只能这样回击，很快上网做了个搓球动作后迅速推一直线，造成对方被动回击一直线半场高球，形成我方最后一击的形势。我方大力杀中路身上球，对方只能应付挡一网前球，而且回击质量不好，我方迅速上网扑球解决了这一回合的争夺，见图4-2。

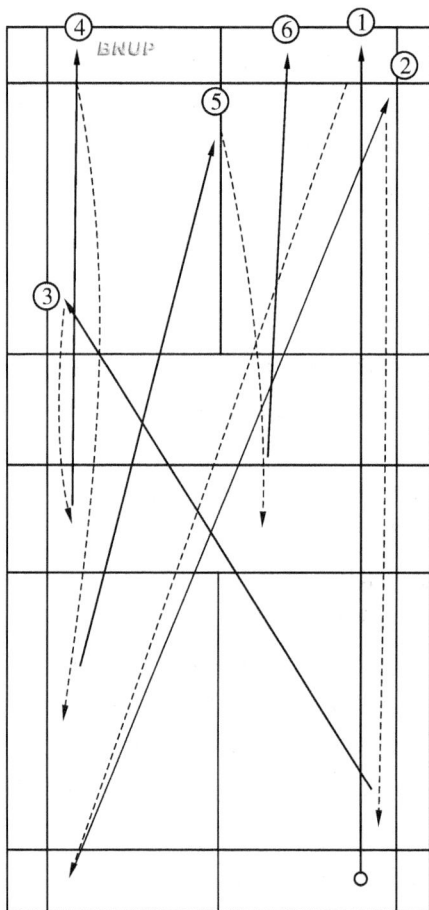

图 4-2　以平高球开始组织的进攻战术

图4-2中1～2拍属控制反控制阶段，3～4拍属主动一击阶段，5～6拍属致命一击阶段。图例可说是我方控制了主动权直至攻死对方的战例。但实战中控制了主动或是已到主动一击阶段后由于出球质量差或对方回击质量好，而又失去主动权，反而被对方攻死的战例也不少。可以这样认为，在进行控制与反控制争夺主动权中要稳、要准、要活。一旦获得主动一击战机之时要快、要准。在最后一击时要快、要狠。在处理每个球之时要清醒地判断自己

所处的情况，不应混淆三个阶段来处理球。如还未获得主动一击的情况下不应采用主动一击的行动，更不应采用最后一击的行动。总之，在每一个回合的争夺战中要清醒地处理每个阶段的球，前面说的是不能超越阶段处理，可是，如已处在主动一击时不用主动一击的行动或是已处在最后一击情况时不采取最后一击之行动都是不对的。都会造成被动或失去主动权。采用以平高球开始组织进攻的战术必须考虑如下几点条件：第一，自己具备较好的平高球控制能力，并且有一定的防守对方进攻的能力。第二，对方的后场进攻能力不是太强，不是一个抢攻型队员。第三，对方的步法移动有弱点，通过高吊可以控制对方。否则就难以取得比较满意的效果。

2. 以吊劈开始组织进攻的战术

"吊杀控制网前进攻战术"就是以吊劈开始组织进攻的战术。其中有"吊上网搓创造突击进攻战术""吊上网推创造突击进攻战术""吊上网勾创造进攻的战术""吊杀进攻战术"等。采用这种战术的条件：第一，自己要有较好的吊球（劈吊球）技术。第二，对方上网能力较弱。第三，对方后场进攻威力很强，为了不让对方发挥优势而采用这种战术。

3. 以杀劈开始组织进攻的战术

以杀劈开始组织进攻的战术，是属于抢攻型队员的典型战术，采用此种战术打法须具备良好的速度耐力，较好的杀劈上网控制网前的技术和步法，是一种威胁性很大的战术，其特点是以快速杀劈上网搓或推、勾、扑控制网前球，创造出第二次的杀劈机会。采用这种打法的队员只要有机会，就采用杀劈技术和以平高球开始组织进攻战术。

4. 以控制网前球开始组织进攻的战术

当对方常发网前球时，我方想组织进攻就必须从控制网前球开始，首先必须具有较快的上网步法，同时还需具备较好的搓、推、勾、扑一致性较强的技术。有了这两点，才能有效地组织这一进攻战术。

5. 以路线和区域组成的进攻战术的应变

（1）"对角路线"的进攻战术

无论采用什么技术，都以回击对角路线来组织战术。特别是当对方打直线球我方以对角路线回击时，对转体差或慢的对手是很有效的一种进攻战术。当然，采用这种战术不能太死板，一旦被对方发现易产生不利于自己的局面。

（2）"三角路线"的进攻战术

采用这种战术的原则就是当对方回击直线球时，我方就打对角球，反之，对方回击对角球时，我方就打直线球。这种战术的特点是可以使对方移动的距离最远，难度较大，只要能准确地判断到对方回球的路线，采用"三角路线"是一种较有效的进攻战术。

（3）攻后场反手区进攻战术

采用这一战术首先是要有针对性，针对对方反手区有较大的弱点，如侧身步法差，回击头顶球之后位置易被拉开，反拍技术较差，头顶区球路死板对我方构不成太大的威胁等因素。此时，我方采用攻后场反手区进攻战术成功率就会较高。

（4）攻后场正手区进攻战术

针对对方后场正手区有较大的弱点，如正手侧身步法差，回击正手区球后位置易被拉开，正手区的球路对我方构不成太大的威胁等因素，采用此种战术效果较好。

（5）攻后场二边的进攻战术

采用这一战术的针对性是对方后场二边有较大的弱点，如后退步法慢，后场手法差，进攻能力和防守能力都较弱，这时采用重复压对方二底线战术效果较好。

（6）攻前场区进攻战术

采用这一战术是针对对方前场区较弱，如上网速度慢，步法有缺陷，前场手法差，从前场击出的球路及质量对我方威胁不大，采用这一战术效果较好。以上所谈的单打进攻战术是分解各个技术单独简述，其实在比赛中单独使用一种战术而得分的机会不能说不可能，但机会不多，高水平的运动员双方都是经过多拍的控制与反控制才能获得主动出击的机会，直至采用致命一击。所以在战术使用上就不能只会使用一种战术，而应该是多种战术的组合使用，抓住对手的几个主要弱点进行组合攻击才能奏效，也不易被对手很快识破你使用的是什么战术。因此，当获得了主动控制权之时，对于如何把握住主动控制权，要有熟练而准确的基本技术，清醒的思维能力，能根据对方的站位、技战术优缺点、心理情况等来考虑下一个击球的路线，组成灵活多变的进攻战术，才能牢牢地控制主动权，直至取得最后胜利。

三、羽毛球单打防守战术的应变

防守战术的原则是"积极防守""守中反攻"，而不是"消极防守"。因此，要达到"积极防守""守中反攻"的目的，就得了解防守的目的是在自己被动情况下，通过调整战术达到排除对方进攻的目的性，夺回失去的主动权所进行的有组织、有目的的战术行动。防守中必须具备较好的防守能力（包括手法、步法）才能做到"积极防守"或"守中反攻"。如具备较好的回击后场高远球的能力、起动反应快、步法到位、有较好的反挡底线的能力、勾对角球的能力、挡及反抽的能力，只有具备了这些能力，才能运用"守中反攻"

和"积极防守"的防守战术。

（一）打二底线高远球的防守战术

这一战术和打二底线平高球战术不同之处在于一是防守战术，一是进攻战术。高远球是作为防守时使用的技术。而平高球是作为进攻时使用的技术，在使用上一定不能混淆，进行防守时只能使用高远球，如用平高球去进行防守战术，那么，不但不能达到很好的防守目的，反而会增加防守之难度，反之，也不能用高远球作为进攻战术来使用。

（二）采用勾对角网前结合挡直线网前或半场球的防守战术

在防守中特别是勾对角网前战术，作为"积极防守""守中反攻"战术是很有效果的，而防守中再结合挡直线就使防守战术更灵活多变，对对方更有威胁性。当然，要打好这一防守战术要能准确判断对方进攻的落点，反应到位，并具有灵活多变的手法，只有这样才能打出挡直线结合勾对角的球，达到"守中反攻"的目的。

四、根据对手情况制定的应变战术

（一）根据对手步法优缺点制定的应变战术

1. 对起动、回动慢的对手：由于对手是起动、回动较慢的选手，因此，我方应采用"快拉快吊突击进攻"为主的战术，在采用"重复战术"时要慎重使用或不使用。

2. 对起动、回动快的对手：由于对手是起动、回动快的选手，因此采用各种"重复战术"比采用"拉开战术"会更有效果。

3. 对上网快、后退差的对手：这种对手一般情况下控制网前球的能力都较强而控制二底线能力较弱，特别是上网后的后退就更差，因此，我方应多采用先引他上网再推或快拉二底线的战术比较有效。

4. 对于侧身转体差的对手：对这种对手我方应多采用"对角球战术"，特别是多采用劈杀对角球路会较有效。这种战术打法对欧洲选手步法起动慢，侧身转体差的弱点较有效。

5. 对于正手后退步法差的对手：我方应多采用攻"正手后场区"为主的进攻战术会较有效。

6. 对于头顶侧身后退较差的对手：我方应多采用攻"头顶后场区"为主的进攻战术会较有效。

7. 对于二边上网步法差的对手：我方应采用"重复吊两边"为主的进攻战术会较有效。

8. 对于低重心较差的对手：这种对手一般防守能力都较差，我方应多采用以杀劈、吊为主的战术。总之，多打对方下手，让对方一定要降低重心去接球以便暴露其弱点，这种战术效果较好。

（二）根据对方手法上的弱点制定的应变战术

1. 对于反拍及头顶手法差的对手：我方应多采用"重复攻反手后场区"为主的战术，逼对方采用其弱点打球，这种战术效果较好。

2. 对于手腕闪动慢，摆臂速率慢的对手：这种对手由于腕的发力差，摆臂速率慢，其击球特点一般都要有一定的摆臂时间及闪腕发力的时间，如不给他时间就很难把球打到底线。因此，我们可多采用"发球抢攻"为主的战术，特别是发平射球后采用打平推身上球的战术逼对方打平快球，就可充分暴露其弱点。

3. 对于防守近身球手法较差的对手：当我方获得致命一击之机会时，一定要多采用杀追身球为主的战术，这样效果会较好。

4. 对于网前手法不凶不稳、没威胁的对手：我方要以攻"前场区"为主的战术效果会较好。当对方打网前球时，尽量多打"重复搓和勾球"战术，大胆与对方斗网前球，当对方打后场球时我方要尽量多打吊劈球，以尽快控制对方的网前。

5. 对于后场手法不凶，平高、杀、劈没多大威胁的对手：我方要以"攻后场区"为主的进攻战术，尽量多采用平高球或高远球控制对方后场区。如我方被动时，尽量少打网前球，而要多打后场过渡球，以利我方防守，从守中转入反攻。

6. 对于手法尖锐、威胁性较大，但不稳的对手：首先要付出很大的精力去防守对方尖锐的几拍进攻球，在没有把握的情况下，不能随意乱攻，因对方手法尖锐，乱攻必然造成漏洞，造成对方给我方以致命打击，因此，只要能多坚持几拍就有可能逼使对方有主动失误之可能。但如我方也是进攻型打法，且不善于防守的话，那么，就得先下手为强了。

7. 对于手法不尖锐，但较稳、先守后反击的对手：这种对手一般防守能力都较好，我方在进攻时，不要太冒险，太勉强，首先，自己在进攻中要先稳后狠，快中求稳，如果我方稳不住，对方不需反攻就能由于我方的频频失误而获胜。因此，对这种对手要有足够的耐心，要有足够的体力及毅力，再加上合适的战术球路，才能战而胜之。

（三）根据身材、体态及身体素质上的优缺点来制定的应变战术

1. 对于个子矮小、后场攻击能力差的对手：采用"重复拉开后场两边""快速高吊"为主的进攻战术，都是行之有效的战术。当然个子矮小并不等于后场攻击能力差，也有后场攻击能力强的选手，当遇到这种选手时就得多采用"下压"战术来限制对方的后场攻击力的发挥。

2. 身材高大，转体与步法不灵，但杀上网好的对手：首先要重视对方杀上网这一优点，当对方采用杀上网时，不但要能守得住，而且要以勾两对角球来阻挠和破坏其优点的进一步发挥，这样可抓住对方转体与步法不灵的弱点。当我方控制主动时，应采用打侧身转体的球路，杀劈、勾的球路会较有效。

3. 速度快，突击能力强，但耐心差的对手：要尽最大努力与对手周旋，多打几个回合，逼使对方暴露其耐力差的弱点，一旦弱点暴露了，对方的优点就失去了优势，我方就可战而胜之。

4. 速度慢，突击能力较差，但耐力好的对手：首先不能跟着对方的节奏打，而应采用"快速高吊突击进攻"为主的战术，破坏对方的节奏，特别是变速突击进攻更为有效。

5. 对灵活性和协调性差的对手：我方应采用"假动作击球"为主的战术，由于对方协调性、灵活性较差，一旦受假动作迷惑，就不易及时调整自己的重心，造成不到位或失误。

6. 对于髋关节柔韧性较差、伸展面小、低重心差的对手：我方应采用"下压战术"为主，而且要打离身远的球，暴露其伸展面不大之弱点。

7. 肩关节及腰部较僵硬的对手：我方应采用"攻头顶区"的进攻战术为主，就可抓住对方的弱点。

（四）根据对手心理上的弱点制定的应变战术

1. 易被激怒的对手：我方应有意识地采用一些动作、球路、表情、态度去激怒对方，从中渔利，这是很巧妙的战术，如能应用得得心应手，便可以获得意想不到的效果。

2. 易泄气的对手：这种对手一般是毅力较差，只能打领先球，因此，我方一定要花最大的代价打好开局球，打好第一局球，只要打好了这一阶段的球，就有可能使其暴露易泄气的弱点。当对方已处于泄气状态下，我方就得抓紧有利时机扩大战果，不给对方有喘息之机，一鼓作气打败对手。

3. 注意力转移能力较差的对手：这种对手由于注意力的转移能力差，易受假动作的诱惑。因此，我方应采用"声东击西的假动作"为主的战术，易收到较好的效果。

4. 不能尽快调动自己发挥高水平的对手：由于对方不能尽快调动自己进入最佳竞技状态，所以一开局就显得活动不开，发挥不出水平，此时，我方应做好准备活动，一上场就尽快采用"快速突击"的战术，使我方在对方处于低潮的状态下，战胜对方。

5. 易紧张，胆怯的对手：碰到这样的对手首先应在心理上战胜对手，要发扬敢打敢拼的作风，在气势上压倒对手，哪怕是在技术上低于对手，也要下定决心拼搏到底。因为在拼搏过程中就有可能给对方造成紧张失控，步法移动僵硬，从而失误过多，为自己得分创造机会。

6. 易受对方情绪影响的对手：这种对手的特点是易受对手情绪的影响。例如，你无精打采地击球，他也会变得无精打采，你在比赛场上随意玩球，他也会跟着耍球，可是如果你很认真比赛，他也会认真对待。如碰上这种对手，就应充分利用他的这一弱点，装作无精打采或随意玩球，并抓紧有利时机进行致命一击。对方往往会受骗上当，造成失败。

7. 易松懈，骄傲自大的对手：遇到这样的对手时，不要被对方的骄傲气势所压倒，碰到暂时落后也别松劲，反之要增强信心，应尽力拼搏到底，就有可能在对方松懈之时迎头赶上，造成对方的心理压力，从而战胜对手。

8. 爱冒险的对手：爱冒险的选手一般表现在领先至快胜利时，或落后要失败时，或体力不足时，总之是在关键时刻，经常会做出一些冒险行动，例如发难度很大的平射球，杀难度很大的边线球，做一很大的假动作，搓一很滚很贴网的球，击一很平的平高球，劈一很边又贴网的对角球等。总之属于冒险，以求达到不是你失误就是我得分的目的。当我方发现对方采用冒险行为之时，一定要集中注意力判断对方有可能做出的任何冒险行动。在战术上要以稳对狠，不能也跟着贸然行事，因为冒险动作做多了带来之后果必是失误，因此，当碰到这种情况时，只要冷静对待，一般是可以获得成功的。

9. 只能领先，不能落后的对手：这种选手只要被他领先，就会越打越好，越能发挥超水平的技术，可是一旦落后就像泄了气的皮球，怎么打也跳不起来。碰到这种对手，在一开局就得花很大精力、体力在比分上压倒对方，争取先胜第一局，也就能使对方无法振作起来，从而战胜对手。根据对手心理上的弱点制定应变战术，这是很重要的一种战术，也是一种很微妙之战术，这种战术可说是"心理战术"。一句话、一个行动、一个动作都有可能给对方增加心理压力，提高自己战胜对手的信心。因此，这一战术虽然没什么较明确的战术球路，但如运用得当，可达到事半功倍之效果，只要能认真仔细观察，及时发现对方的心理活动，心理弱点，并有一定的心理对策，达到给对方心理增加压力，使对方心理失去平衡，战胜对手的目的，就会比较容易实现。比赛之前已在场外进行一场"心理战"，即自己与自己战、自己与外界环境战，上阵之前若自己不能战胜自己，不能战胜外界环境的压力，那么你已经失败了一半。因此，这一节是很重要的一门"战术课"。一定要下工夫去学习、去掌握、去提高诸如"心理战"的艺术，以便在还未上阵前能战胜自己，战胜外界，从而控制住自己在"心理战"中打一个赛前的胜战。此时，如对方在心理上战胜不了自己，战胜不了外界干扰，从而控制不住自己，那么，此时我方就已占了50%或更多的有利时机，要想战胜对手就比较容易了。

（五）根据对手在打法上的弱点制定的应变战术

1. 对能攻不善守的对手：要集中力量攻其不善守的弱点，并且要付出很大的精力和代价防住对方进攻的习惯球路，从战术上要抢攻在先，因此，"发球抢攻"战术、"杀吊控网"战术都是比较有效的战术。

2. 对于能守不善攻的对手：进攻时注意不要在没有控制好网前的情况下，贸然发动进攻，要进攻就得攻得准、攻得狠，并且还能上网控制网前，这样对方也不易抓到我方之弱点。

3. 对于不善分配体力的对手：这种对手一般是进攻型的选手，一开局就会发起快速抢攻或硬攻，企图一鼓作气取胜。因此，我方如能在开局时顶住对方猛烈的抢攻攻势，或多周旋几个回合，消耗其体力，从而在最关键时刻，在体力上战胜对手。

4. 对于球路变化不大的对手：这种对手最大之弱点就是不会根据赛场双方的情况来制定战术，组织球路，而是按自己较熟练的球路来组织战术，因此，赛前应充分了解对手情况，如不了解也得在比赛中尽快熟悉对方之习惯球路，以便在比赛中找到对付对手的办法。

以上论述的是羽毛球单打的进攻与防守战术，以及根据对手情况制定的应变战术，所谈的情况只谈及原则上的应变办法，因为战术、球路是千变万化的，不可能一成不变，还是应根据每个人的具体情况以及对手情况，临场的具体情况去制定应变的、更为切合实际的战术和球路。在例中只提了几个回合的球路，而在实际比赛中，特别是在高水平比赛中，往往要经过十几个回合，几十拍才能得分，所以一个球的争夺要经过三个阶段：即控制与反控制阶段、主动一击阶段和致命一击阶段。

一般认为第一阶段要经过多拍的争夺，第二阶段和第三阶段是紧密联系在一起的，打好了第二阶段，第三阶段只需两三拍的争夺就能解决战斗。打得不好（即落点不准、不狠、速度不快、击球力量弱），第二阶段也得有几拍才能过渡到第三阶段，最不理想的就是第二阶段主动一击没打好，让对方判断准确，反而变成被动又返回到第一阶段也是常有的情况。所以，了解和采用战术不能生搬硬套，而是要从中得到启发，最关键的是能灵活运用，才能在战术上比对方更占上风。从而控制整场比赛的主动权，最终战胜对手。

第三节　羽毛球双打战术的运用与变化

一、羽毛球双打战术运用的原则

双打战术：第一，必须坚持"以我为主""以快为主""以攻为主"的指导思想。第二，由于是两人在场上的默契行动，因此，互相间的战术配合是至关重要的。双打战术的默契配合犹如"两人三条腿走路"一样。第三，赛前必须通过各种途径获取对手各种信息，做到"知己知彼"才能有的放矢地在战术运用上取得更有利的效果，达到"百战不殆"。第四，为了使战术发挥正常，必须做到互相在技术上的信任，只有这样才能使战术运用得当和发挥正常。第五，必须善于察言观色，及时发现对方的战术意图，并随机应变采用各种应对战术，达到战胜对手的目的。第六，必须发扬敢打敢拼的战斗作风，才能使运用的战术取得应有的效果。

二、羽毛球双打进攻战术的应变

（一）发球战术的应变

双打发球是一项战术意识很强的运动，它和单打的发球抢攻战术有着同等重要的意义。发球质量好坏直接影响到主动和被动，是得分与失误的重要环节，因此，掌握好发球战术，有利于控制整场局势的主动，对获得胜利有着重要的意义。

1. 以我为主的发球战术：首先需清楚地了解自己的发球有什么优势，第三拍有什么优点，根据这两种情况来制定发球战术。不应过多考虑对方接发球的能力，应以我方发球与第三拍的能力来组织发球战术。

2. 根据对方站位、站法来决定发球战术：目前接发球的站位法有四种：一般站位法、抢攻站位法、稳妥站位法、特殊站位法。

（1）一般站位法：特点是站在离中线和短发球线适当的距离，其主导思想是以稳为主。保护后场，对前场采取以推、搓、放半场为主的处理办法。这种站位法女队采用较多。发球对付办法：要以发近网一、二号位为主多点配合，使对方不能集中精力于一点，这时对方由于受接发球主导思想的影响，不可能打出较凶狠的球（除了我方发球偏高之外），这时的主、被动权取决于第三拍的回击质量。

（2）抢攻站位法：特点是站位很靠近发球线，身体倾斜度较大，目的是要进行抢攻，威胁恐吓胆小者，以扑球、跳杀为主来处理接发球，此种站位法以男队进攻型打法的队员采用较多。发球对付办法：首先要判断对方这样站的目的，是要进行抢攻，还是怕自己接发不好陷入困境而想冒险，还是想要以此来威胁恐吓我方。我方发球应提高发球质量，结合时间差、假动作，达到破坏对方想抢攻、冒险、恐吓的目的。

（3）稳妥站位法：特点是站位离发球线远一些的位置上，身体成站立式（倾斜度较小）。这种站位法是只求把球打过去，进攻意识较差的一种过渡站位法。

（4）特殊站位法：一般站位以右手握拍为例，都以左脚在前，右脚在后，但特殊站位法改变为右脚在前，左脚在后。这种站法一般以右脚蹬跳击球，不论是上网或后蹬均以一步蹬跳击球。发球对付办法：当你还不了解对方改变站法的目的及优缺点时，还是以我为主发球，但要尽快掌握对方的目的及优缺点，从而制定有效的发球战术。

3. 根据对方打法弱点制定的发球战术

（1）调动队形的发球战术：例如对方甲后场进攻能力较强，网前封网能力一般，其打法就要考虑给甲发球时多发前场区球，反之给乙发球时多发后场区球，以便一开始就把对方的队形调动为甲在前、乙在后，不利于对方发挥其优势的队形。

（2）避开特长、抓住弱点的发球战术：要掌握对方在右场区、左场区的接发球特点，然后再根据对方的这些特长和弱点，制定发球战术，有利于避长而击其短。

4. 发球时间的变化战术

发球时间变化要做到快、慢结合自如，使对方摸不到准确的击球时间。要掌握好这种快、慢结合的发球技术，一定要有熟练的手法动作及合理的用腕技术。不然虽在时间上起到了破坏对方起动的作用，但由于发球质量太差而达不到应有的目的。

5. 发球的其他战术变化

发球时要做到软硬结合、长短结合、直线对角结合。

（1）"软硬结合"的发球战术：这种发球的作用是使对方在接发球时在击球动作上必须要有变化，如对方没变化，就会因为过来的球速有快、有慢、有软、有硬、有轻、有重而造成接发球失误或处理不好而失去主动权。

（2）"长短结合"的发球战术：发球时要注意发后场区（即三四号区）和前场区（即一二号区）结合好。这种发球的作用是使对方在起动上、判断上也要有前蹬和后蹬起跳击球的变化，如对方不注意判断或起动，那么，就会造成失误或被动局面。

（3）"直线和对角结合"的发球战术：前场区的一二号位结合，后场区的

第四章 ＼ 羽毛球战术运用变化

三四号位结合都为直线对角结合的发球战术，这种战术可以起到破坏对方精力集中于某一点的作用，会迫使对方打出的球路没有质量，威胁性不大，而有利于我方反击。

6. 关于发球质量问题

以上论述了许多有关发球的战术，但是，如果离开了最基本的发球质量问题，那么发球的战术意义就不大了。例如，我方在战术的使用上很成功，但由于发球质量不好，致使对方在起动慢的情况下还能勉强进攻。因此，发球质量是第一重要的。当然，光有质量而忽视了其他战术的配合，那么很容易被对方抓住发球的时间和路线的规律，则很难获得主动权。质量和战术要很好的结合才能达到我方从发球开始所要达到的目的，但是，当我方在努力提高质量和战术的同时，千万不要忘记练思想、练胆量、练意志品质。做到关键时刻手不软，威胁面前不害怕，冷静沉着胆量大，灵活多变信心强。如果只强调技术动作和战术配合的训练，而忽视了发挥技战术的思想、心理、意志的训练，那么，在一般情况下还能正常发挥水平，可是，一碰到强手或关键时刻，或在精力消耗较大情况下，就不能发挥应有的发球水平，从而造成一开始就处于被动的局面。

（二）接发球战术的应变

1. 以我为主的接发球战术：以我为主就是要根据自己在左场或右场区的接发球优势、特长来处理接发球，而不考虑对方第三拍如何打，即不脱离自己的特长打法为主，结合一些改变的路线，在一般情况下，接发球较多是这样处理的。

2. 根据对方发球质量的好坏来处理接发球战术：当对方发球质量较好时，应该采用过渡的技术去处理接发球，然后要能封住对方的路线才能争得主动，当对方发球质量不高时，就应该抓紧这个有利时机采用快速扑二边、扑中路、轻拨二边半场、扑中路半场等办法，争得主动或直接得分。总之，这一战术的原则是要根据对方发过来的球的质量情况，立即做出判断，并采用有效的技术去争取主动权，而不能一成不变的采用一种死板而固定的接发球技术和路线。

3. 根据对方处理第三拍的优缺点来采用接发球战术：例如对方甲在后场接第三拍时站位靠后，接反手区的球及中路球较差，我方在接发球时，就要考虑到对方的这些弱点：一是反手差，二是中路差，三是半场差（因对方站位靠后）。这时，就要尽量抓住对方的弱点，即使我方接发球的特长是推正手区又不善于放半场，在这种情况下也得改变自己的打法去抓对方的弱点，以争得接发球之主动权。

4. 接发球指导思想：接发球的战术指导思想应始终贯彻："快字当头、以稳为主、狠变结合"。如果没有"快"，就很难在前几拍争得主动权，而处于被动挨打的地步，只有"快"才能体现积极主动，快速进攻的风格，也才能体现运动员积极上进、力争上游的思想风格和精神面貌。"以稳为主"因为在接发球上如果不稳失误率就高，就会让对方轻松地得一分。当然，"以稳为主"也是针对对方发球质量较好的情况提出的，如果对方发球不好时，能快的则要快，能狠的则要狠，做到狠变结合。

（三）第三拍回击战术的应变

第三拍在双打技术中也是一项重要技术，在战术中有它重要的地位。第三拍的处理和发球是有紧密联系的，如果我们发球目的性强，发球质量又较好，那么，第三拍就能保持继续进攻。虽然目的性强但发球质量不高，而对方也打出了意料之中的路线，这时，第三拍就应考虑如何组织反攻。如果发球的目的性不强，质量又差，那么第三拍就应考虑如何摆脱被动局面，因此，第三拍是保持主动、组织反攻、摆脱被动局面的关键一环，不重视这一环节的训练，那么就会出现主动时保持不了主动进攻之优势，在一般情况下无法进行反攻，而只能打出防守性的球，在被动时就可能出现一拍就被对方扑死或即使勉强打过去，也抵挡不住对方第四拍的进攻而失误。提高第三拍的技术，要求做到起动反应快，主动跟得上，被动救得起，手法出手快，能攻又能守，球路变化多，使对方封不住，从而创造更多的主动权。

1. 主动时，第三拍保持进攻的战术：在我方发球质量较好情况下，就会出现第三拍的主动情况，这时，要求在前场的发球者迅速举拍封住对方的习惯球路，形成二边压网的进攻队形。总之，一旦获得主动形势之时，要求前后场的人都能做到高打、快打、狠打、硬打压住对方，并做到跟进压网，成分边进攻的队形争取在前半场攻死对方。

2. 在一般情况下第三拍进行反攻的战术：所谓一般情况即是指对方接发球过来的球对我方形成一种既不主动，也不被动的形势，在这种情况下，第三拍处理得好就可控制主动权，反之就会变得被动。因此，此时的出手技术要求有一定的质量，具体要求做到高打、快打，但过网质量要高，球路要出乎意料，做到以速度压住对方，然后成分边压网之势，以争得前半场之优势，迫使对方打出高球让我方进攻。在这种情况下，大胆而快速的二边跟进分边逼网与对方展开短兵相接的对攻战，是争取主动的关键，因此，第三拍、第五拍的配合是重要环节。

3. 如何摆脱第三拍被动的战术：这是第三拍经常碰到的问题，可以分两种情况处理。

（1）对方接发球之后二边压网的打法较凶，对前半场的球封得较狠，碰到这样的对手，第三拍被动时，一般要求有较快的反应及较强的手腕爆发力，迅速地用高球反挡或拉到二边后底线过渡，让对方从后场进攻，以避免被对方在前半场封住而攻死。

（2）对方接发球之后，二边压网的打法不凶，而且平抽平挡的打法不突出，对这样的对手，我方如被动时有两种办法处理：一是反挡网前球，要求球过网有速度，过网要低、要平，此时，对方由于压网不凶，必然只能采用推的办法，而我方则要马上跟进采用半蹲对打对攻的办法，争取从被动中转为主动。二是采用勾二对角网前球的打法，因对方压网不凶，势必有一边网前漏洞较大，因此，勾二对角网前球也可转被动为主动。

（四）第四拍封网分工战术的应变

第四拍封网的战术，实际上就是两人如何分工封网跑位的问题，分工明确、严密，两人跑位配合默契，那么就有利于控制主动权，反之，就有可能陷入被动。

第四拍封网的分工规律：接发球方的第四拍封网分工一般是球到对方右场区就封住左场区，球到左场区就封住右场区，即所谓的封住对方的直线球路，而这一规律的特定条件是我方接发球时获得主动，如接发球不处于主动时，还要按此规律去执行，则往往要被对方通过较好的第三拍反击而破坏掉。当然，对方第三拍的习惯球路是我方视封网分工为依据，如对方第三拍二边球均采用打对角球路，那么一般封直线的规律就行不通，而要改为封对角球路了。因此，接发球质量的好与坏、路线配合的好与差，都直接影响到全场的主被动和能否连续进攻。

接发球质量好，紧接着就是第四拍如何封得紧、封得快、封得狠，以便把进攻保持下去，即所谓要连得上，若第四拍意识和技术跟不上（即封不紧、封不快、封不狠），则已形成的进攻局面将会中途而废，甚至会陷入被动的地位。因此，除了发球、接发球、第三拍之外，第四拍的训练也是极其重要的。它是关系到能否把主动的优势保持下去，把被动的局面扭转过来的关键。所以我们在训练双打发接球的关键技术时，一定不要放弃第四拍的训练。最好是采用二打二的前五拍发接球训练方法。

（五）攻人战术的应变

1. 二打一战术：这是一种经常运用的，行之有效的战术。当发现对方有一个人防守能力或心理素质较差，失误率比较高，或防守时球路单调，就可采用这种战术进攻，把球攻到这个较弱者的一边。这种战术体现了"集中优势兵力，打歼灭仗"的原则。采用这种战术，第一，可以集中力量以多打少，以优势打劣势，造成主动或得分。第二，有利于打乱对方防守站位，另一个不是被攻的人，由于没球可打，慢慢的站位会偏向同伴，造成站位上的空当，有利于我方突击另一边线而成功。第三，有利于造成对方思想上的矛盾，互相埋怨。

2. 攻右肩战术：此种战术目标应明确每一击的落点，要准确地攻击对方其中一人的右肩，因为，这一点是防守的弱区。一般情况下如对方防守能力差，我方可容易得分，防守好也只能应付打平球造成我方同伴的封网机会。

（六）攻区域战术的应变

1. 攻中路战术：此种战术不论对方把球打到什么地方，我方进攻的落点，都应集中在两人的中间，或在中线上。扣杀的落点要根据对方防守的习惯或站位来决定。例如甲防守能力强，乙防守能力差，防守时甲一般会靠近乙，以此弥补乙防守的弱点，这时，攻击的目标就应靠近乙所站的位置。有时还要根据对方挑球的落点和对方的站位来决定。例如对方把球挑到右场区靠边线的地方，这时，对方的站位必定是和扣球者成直线。因此，我方如扣在中线，就达不到攻中路之战术目的，这时应扣在中线偏左一些。

2. 攻直线战术：这是初学者常采用的最简单战术，也是女队最常使用的战术。攻直线战术即杀球路线和落点均为直线，没有固定的目标和对象。只依靠杀球的力量和落点来取得得分效果。属于直线战术范畴的如杀直线小对角（小交叉）战术，杀边线战术，边攻边、中攻中战术。

（1）杀直线小对角战术：当获得进攻时应该是攻击对方的二边球互相结合，而不应只攻一边，成小交叉路线。作用：对付对方左右摆臂较差的防守者效果较好，比较有利于我方组织进攻，配合上简单且易封网，女队最常使用之进攻战术。

（2）杀边线战术：此战术是在进攻时有目的地杀到边线的落点上。此种战术的作用是对付对方身旁两侧防守较好的队员，攻杀边线球落点因离身体较远，不利于对方反抽或挑底线球，则有利于我方的同伴网前封网。

（3）边攻边、中攻中战术：这种战术是属于混合战术即攻边线战术和攻中路战术之组合。当对方的来球在靠二边边线时，攻球的落点在二边线，如对方来球在中间区时，就朝中路进攻。作用：这是一种混合战术，不易被对方马上识破，便于我方较长时间的运用。而且使用上较易记住和贯彻。

3. 攻大对角战术：此种战术即不论球到左区或右区都可采用杀大对角的球路进攻，球的落点在对角线的边线一边。采用这种战术要有一定条件，那就是进攻的一方二人都要有一定的杀球力量和速度，如杀球力量小，采用这种打法往往不易成功。

（七）几种战术组合的混合战术的应变

1. 一人攻直线，一人攻对角战术：这种战术往往适用于进攻这一方，一个人后场攻击能力弱，而网前封网好；另一人则相反，为了让攻击能力弱者能保持在前场，往往运用这种战术。

2. 攻直线结合攻中路战术：这种战术包括攻直线小对角结合攻中路战术。攻右肩结合攻中路战术，都属于这种战术。

3. 杀球结合吊球或吊结合杀战术：此战术可简称为杀吊战术或吊杀战术，是先杀后吊、或先吊后杀、或杀杀吊，还是吊吊杀，均要视当时双方的情况而灵活掌握。当然，关键在于吊球的质量要好，能做到杀吊一致，打乱对方的防守阵脚，而有利于我方再次组织进攻创造机会。

4. 短杀结合长杀、轻杀结合重杀战术：这些都属于杀球技术上的变化，短杀要求速度快、落点近网、逼使对方迅速向前移动才能防守。当对方移向前挑起之后，马上扣一个长球，所谓长球是指比较平的扣球，球从肩上擦过，落在后底线，这样一下一上，如果对方手法差、反应慢就会处理不好，而造成防守不好或失误。

5. 攻弱点战术：这种战术运用比较广泛，是针对对方在技术上、思想上、心理上、配合上的弱点进行攻击的战术。例如攻人战术、攻正手右肩上战术、攻胆小者战术等均属于这一范围。

三、羽毛球双打防守战术的应变

双打防守是在自己处于被动情况下，通过两人的共同努力，调整战术以达到破坏对方，由被动转为主动所进行的有组织、有目的的战术行动，也可以说防守是进攻的开始，是被动转为主动的重要环节，是为了达到进攻的目的。如果认识不到这一点，就会陷入单纯防守，被动挨打，始终不能摆脱被动的局面。只能期待对方进攻失误，或对方久攻不下才能扭转被动局面。

防守应提倡"积极防守""守中反攻"，而不是"消极防守"，在思想上要求做到沉着冷静分清主被动。主动时，要不失时机地抢攻，被动时，果断转入防守。心不慌，等待机会及时反击转为进攻。在技术上要求做到大胆拉开不手软，弧度适当，路线好，看准时机反击速度快，跟进抢位好，平挡，勾对角空当抓得好，守中反攻轮转快。

几种防守中反攻的战术应变。

（一）挑两底线平高球战术

这是一种比较简单的战术，即不论对方从哪里进攻，都将球挑到进攻者后场的另一边。即对方攻直线球，我方挑对角，对方攻对角球，我方挑直线，以达到调动对方移动的目的，如对方移动慢，就无法保持进攻位置，若盲目进攻，则有利于我方反攻。

（二）使对方从右后场进攻，再反拉对角平高球战术

这个战术的特点就是处于被动时，一定要把球先打到对方的右后场区，使对方从右后场区进攻，然后再挑对角平高球到对方的左后场区。这是一种容易争得主动权的防守战术，特别是女子双打，争取主动的成功率较高。

（三）挑对角平高球，直线方位的人采用半蹲防守或反击直线战术

我方被动时要打出越过网前封网者的平球，其弧度比平高球低一些，使对方进攻者无法杀对角线，而只能杀直线，而且还不能下压得太尖，这样就有利于在直线方位的人采用半蹲防守或反击直线，其威胁性较大。

（四）挡勾网前逼进战术

当遇到后场二边进攻能力很强的对手时，若我方采用挑两边底线球，则无法获得主动之机会，就应采用挡直线、勾对角网前逼进的战术。当然，在实施这一战术时可以从第一拍就开始采用挡或勾网前逼进对攻的战术，也可以先过渡一二拍后，转入挡或勾的战术。总之，要以回击网前球来避开对方后场强有力的攻势。这一战术往往是为了争夺进攻权所采用的战术，特别是对付网前扑、推、左右转体不灵的对手，可以很快获得防守转攻的主动权。

（五）反抽跟进对攻战术（包括半蹲抽挡）

当发现对方网前封网技术较差，封网站位又太靠近网时，可以采用反抽或半蹲抽挡后跟进对攻的战术对付之。

（六）打漏洞战术

首先要观察对方采用哪一种进攻方式，采用哪一种轮转法，掌握了对方进攻的规律性，才能掌握哪里有漏洞、有空隙，以便有意识地把球打到对方的漏洞位置上，从而争得主动权。

四、根据对手情况制定的应变战术

（一）根据对手是一强一弱的配对制定的应变战术

当遇到这种配对时，我方必须坚定不移地采用"攻人战术"，采取集中优势兵力二打一的战术，就可取得较好的效果。

（二）根据对手是单打，善打推、拨、勾等细动作的配对制定的应变战术

例如，20 世纪 60 年代汤仙虎/侯加昌、80 年代赵剑华/杨阳均属这一类型的双打配对，他们技术熟练，防守能力好，善打勾、推、软打等细动作，但由于他们双打基本技术练得少，对于抽挡对打的技术不是很熟练。因此，对于这样的配对，首先在发球、接发球上要争取主动，行进间战术上要采用平抽快打的打法，在前半场要采用并排对攻，采用快打、硬推、硬压的战术，如还不占优势也不必着急，要把球拉到底线，不要去和对方打软，打半场的

球，然后从防守中寻找机会进行平抽二边封网再进行对攻。总之要快、要硬、要狠，如果慢了、软了，那就使对方发挥了优点，对我方不利。

（三）根据对手是一左一右握拍的配对制定的应变战术

首先要在比赛中冷静、沉着地分析这一左一右是如何站位的，接发球时谁在前、谁在后。在防守时谁在左、谁在右，这样，就可根据对方的站位来决定我方所采取的战术路线。例如接发时左手在后，我方就应多打右后场区抓对方反手。反之右手在后，我方就应多打左后场区。而进攻战术以采用"攻中路战术"最为有效。

（四）根据对手防守站位或形式而制定的应变战术

如果两人均属善打平抽快挡的选手，他们的站位一般都习惯采用并排对攻的站位法。如果我方感到平抽快挡也是我方的特点，那么，也可以采用"平抽快挡，以攻对攻"的战术，进行短兵相接。但是，如我方感到以攻对攻打不过对方，就得采用挑二边底线的战术，尽可能避开对方的特长，这样，既可打乱对方的队形，也有利于我方反攻。如果遇到对手均喜欢采用半蹲形式防守站法，千万不要杀长球，因为杀长球正有利于半蹲防守人的技术发挥，对我不利，因此，我方应采用"短杀战术""短杀左下方"的战术是很有效的。

（五）根据对手打法而制定的应变战术

对付以挑二底线较好的防守型配对，思想上要做好艰苦作战的准备，一定要有耐心，应多采用"吊杀、杀吊结合"的战术，不要盲目乱杀，避免消耗过多的体力，而应稳扎稳打，找准时机进行重杀，也可采用"杀大对角轮攻"战术，因对方老挑底线，网前球较少。总之，只要我方保持体力能坚持多打几个回合，胜利的希望就比较大。

（六）根据对手思想、心理的弱点制定的应变战术

双打是很重视思想上的配合，这是成败的关键环节之一，因此，当我方发现对方在思想配合上出现问题时，从战术上考虑一定要抓住这个环节充分利用。例如对方（甲）暴露出埋怨同伴的现象，此时，我方的战术要从能制造对方互相埋怨这一点去找窍门。我方如果获得进攻权时，可采用杀甲，若甲防守质量差，我方可在网前扑或在能杀死对方的情况下，不要再杀甲，而应杀乙，此时乙一定守不住而失误，如次数多了，甲就会怪乙为什么老失误。因为甲有埋怨同伴之弱点，他根本不会认为问题出在自己，而只一味地责怪同伴，可是，同伴心中是清楚的，是因为你防不好造成我守不住，怎么还怪我，这样，心里也不高兴，精力也就分散，出现混乱现象，导致争吵或泄气而一败涂地。

第四节 羽毛球混合双打战术的运用与变化

一、羽毛球混合双打战术的运用原则

由于混合双打是由男女队员组成的配对，因此，必然存在一强一弱的情况，所以在战术运用的原则上，除了采用双打战术的原则外，还要从强调如何攻击女队员这一薄弱环节出发，制定混双战术。

二、羽毛球混合双打进攻战术的应变

（一）发球战术的应变

混双发球是一项战术意识很强的技术，发球质量的好坏，是直接影响到主动和被动得分与失误的环节，特别是由于混双是由一男一女队员组成，在发球问题上和男双与女双有着共同点，但也存在很大差别，当女队员发球给女队员接时，就比女双容易，因后场有一男队员在接第三拍。可是，当对方是男队员接发球时，就比女双困难多了，首先，要排除恐惧心理，加上男队员上网接发球能力和第四拍封网能力都比女队员强，所以就给发球的女队员增加了发球难度；反之，当男队员发球时，由于他不能像男双一样，发球后立即上网封网，而是要兼顾控制后场，因此，站位要比较靠后，发球过网的飞行时间要较长，有利于对方接发球者有时间回击来球。总之，男队员的发球，比男双要困难得多，如没有专门训练发球，一般是很难过关的。在发球战术中，混双发球战术可以使用双打发球战术中的如下几项：如"以我为主"的发球战术、"发球时间"的变化战术、"发球路线"的配合战术，如软硬结合、长短结合、直线对角结合都属于同一道理均可使用，不再重复。在此要着重谈发球中如何根据男女队员交替这一特定条件来考虑的站位与战术。

1. 女队员的发球战术

（1）女队员接发球时的发球战术：这是最易过的发球关，因为后场区有一男队员在接第三拍，而女队员接发站位及威力也较差，所以要增强发好球的信心，再根据对方接发球的优点来制定发球的战术。

（2）男队员接发球时的发球战术：这时，女队员一定要排除恐惧心理，增强自己的发球信心，在这基础上采用"以我为主"的发球战术，结合假动作（时间差）发后场四号区球以打乱接发球者组织进攻。在一般情况下，以发自己特长的发球区域为主，发球者要能封住前场球，而中场球和扑球均由后场的男队员去处理。男队员的发球切忌没有战术意识的发习惯球，即使发特长球时，如发一号区，也要在发球时间上有所变化，造成接发者不易判断而大胆起动。那么，这种发球就算是成功的发球。

2. 男队员的发球战术

（1）女队员接发球时的发球战术：这一环应该是发球方占有利条件，因为男队员发球时间差的控制、发出球的速度，甚至是弧度都会造成对女队员有一定的威胁，上面谈到的发球战术，也适于男队员使用，差别在于女队员发球站位前一些，过网时间短，而男队员发球站位后一些，过网时间长一些，有利于对方女队员采取行动。

（2）男队员接发球时的发球战术：在一般情况下，以发自己特长的发球区域为主，即采用"以我为主"的发球战术。最重要的是发球弧度要平，球过网之后要朝下走才有利于我方第三拍的反击。如图 4-3 所示的实线路线，而虚线为发球欠佳的路线。

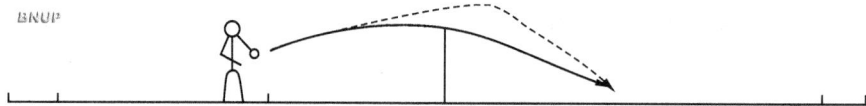

图 4-3　男队员接发球时的发球路线

3. 男、女队员发球站位与分工

（1）女队员的发球站位和分工与女双的发球站位与分工没什么大的差别，男队员一般站在后场，负责中后场二边的来球，偶尔还得弥补一下女队员漏击的前半场球。反之，如在左场区发球，分工区反之即可，不再另示。

（2）男队员的发球站位和分工：当男队员在发球时一般站在后场，而女队员则站在前场区的右区，发右区时站得离中线远一些，发左区时站得离中线近一些，目的是让同伴发二号区时，不至于阻碍其发球和路线。当然，女队员站法也并非一定按此模式，也可根据男队员的需要而定，以上只是一般规律的站法与分工。

（二）接发球战术的应变

1. 混双接发球战术也和双打接发球战术一样，要根据对方发球质量的好坏来处理，也要根据对方的优点来处理，以及"以我为主"的接发球战术。

2. 混双接发球战术与双打接发球战术的不同之处

混双接发球战术在球路上不同于双打接发球战术是在于不论男、女队员接球，大都以拨对角半场、直线半场、勾对角前场以及放网为主。推、扑后场球只有在对方发球质量很差时才使用，而拨半场球及勾放前场球的目的是抓住女队员这一相对较弱的目标而制定的战术。以上为从右场区发一二号区球的处理球路。如果对方发三四号区时，当女队员发球后分边防守，我方应集中攻击女队员防守区，如果男队员发球且女队员只防守一角时，应吊对方右前场，杀对方的二边线球。因对方基本上分前后站位，对边线防守难度加大。反之，如对方是从左场区发球，那么，道理一样，换一边攻击区。接发球后男队员应保持在后场，女队员则在前场，因此，男队员接发球后还需迅速退到后场控制底线区。这就是造成男队员接发球不能太凶之缘故。当然，也有的男队员接发球后就到网前封网，但为数不多，只有当对方发球质量差，前三拍无法挑到我方后场的情况之下，才可以到网前封网。

3. 接发球的主导思想

提倡混双接发球的主导思想是："快字当头、以稳为主、狠变结合、抓住女队员"的战术主导思想。"快字当头"，这是体现羽毛球风格的问题，如没有"快"字，就很难在前几回合争得主动权，只有快才能体现积极主动、快速进攻的风格，也才能体现运动员积极上进、力争上游的思想风格和精神面貌。"以稳为主"，因为接发球不稳，易造成失误而直接失分。"狠变结合"，在对方发球质量不好之时，我方可以狠一些去处理球，当对方发球好时，要灵活、多变，不要打太多习惯球路。"抓住女队员"，这是对方的弱者，我方在接发球时，必须抓住对方弱点女队员去处理球。总之，要把球打到女队员的防区，争取主动，逼使女队员打出高球或后场球，以利于我方男队员控制局面。

（三）第三拍的回击战术的应变

混双的第三拍和双打同样有着重要的地位，它在主动时，保持进攻，一般时，积极反攻，被动时，摆脱被动。在这三种情况下使用的战术，其意义和双打是同样重要的。

1. 主动时第三拍保持进攻的战术

当我方发球质量较好时，有两种情况：一是女队员发球，那么，女队员可直接封住前半场区，因为发球好，迫使对方回球有些向上，所以只要能举拍封住前半场区就对我方有利。当女队员封左边时，右边网前的防守要由男队员负责，而当女队员封右边时，左边网前的防守要由男队员负责。可以说，女队员以封住对方的直线球为主，如能判断对方打对角网前，也可封网，特别在对方手法不好，出球质量较差时，可由女队员直接封网，一般情况下，女队员能封对方的直线来球最理想了。二是男队员发球，是由女队员去负责封网，但由于发球时，女队员的站位形成了右边和左边发球不同的防守区。从右场区发球时，由于女队员的站位是在左前场区，因此，当男队员发一二号位时，女队员就专心地封好左前场区和中路网前，此时，对方如回击右前场区，则由男队员去补救。从左场区发球时，情况就不一样了，因女队员的站位靠近中线，当发一号区时，女队员可封住整个前场区。当发二号区时，女队员重点封住两边线。当然，由于发球与站位各配对有不同的站法，可按自己的特点去进行封网分工。

2. 在一般情况下第三拍进行反攻的战术

在一般情况下，对方回过来的球，对我方形成一种不主动也不被动之形势。我方只要处理好，便可获得主动权，处理不好就会造成被动。因此，出手和球路问题成了关键性技术。首先得判断对方接发球后的站位及分工情况如何，来考虑我方应用哪种战术才有利于获得主动权。在获得主动时，不要打太靠后的球给男队员。

3. 被动时如何摆脱被动之战术

当处于被动时，可分两种情况处理：例如，对方接发球后两人的站位均偏前，如男队员接发后的位置偏前或者女队员接发主动后，男队员也向前逼网了，此时，网前两边都很难打，因此，最好的办法是把球挑到后场二底线，过渡一下，让对方从底线进攻，我方再开始组织反攻。特别是我方女队员防守能力较强时，一定要把球挑到后底线，再由女队员防守转入进攻。此时，最忌挑球高度不够，打不到底线，就易被对方拦击造成被动局面。其规律就是当对方控制网前较紧时，就得想尽办法先把球打到底线，打守中反攻战术。特别是对欧洲混双选手，这样处理能获得较好的效果。

（四）第四拍封网战术的应变

第四拍封网的分工战术，主要是指两人如何分工封网的问题。有一个普遍规律，即女队员接发一二号区球，能主动回击时，女队员就封住对方的直线球路，而男队员则看守其他的区域，如接三四号区球，能主动回击时，女队员可回动封直线前场区，而男队员则看守其他三个方向的球。如不能主动回击则无法回动，因此，女队员只能防守在后场区一个区过渡一下，此时，男队员则要看守前场二边和后场另一区。

但是，当男队员接发一二号区球时，如能主动回击，应由女队员封住对方的直线球路。女方除要控制网前球之外，还要和男队员保持一个错位，以封住对方反抽对角平球，使男队员能调整一下，此时，女队员站位和男队员成对角，有利于封住对方抽对角的来球。这点也是混双不同于男队员双打的另一个特点。特别是在进行中场抽、推球时，女队员能否封紧对角平球，事关紧要，而男队员则看守其他的中后场区球。如不能主动回击，情况就比较复杂了，此时由于男队员的站位已被引到前场，因此另半边的后底线成为漏洞，如对方回击高球时至底线，女队员可后退，代替男队员进攻一二回合。当接发三四号区球时，如能主动回击之时，女队员除负责前场区外，还得负责封对方抽对角的平球，以使男队员位置更主动。如不能主动回击，就得根据我方男队员位置是否无法回动来决定，可以说没什么规律，情况比较复杂。

（五）攻女队员战术和应变

这是混双战术的核心战术，当一方获得主动进攻或在寻求进攻机会的过程中，如何熟练地使用攻女队员战术是很重要的。以下分别论述如何运用这一战术。

1. 获主动进攻时运用攻女队员的战术

当获得主动进攻时，对方已形成男女二边防守的阵势时，我方就得抓住这一有利时机运用攻女队员的战术，如攻女队员右肩战术、杀吊女队员的结合战术、杀女队员小交叉的战术、杀中路至女队员一边的战术。总之，应该集中力量运用攻女队员的战术，当然，这一般是指女队员的防守能力比男队员差的情况而言。如果在比赛过程中我方发现男队员防守能力下降，也不一定要坚持打这一战术。

2. 二边中场控球时，运用攻女队员的战术

所谓中场控球的概念，就是对方打过来的球，我方不很主动，也不被动的情况，处于控制的阶段，此时如何运用攻女队员的战术呢？

首先，要明确此时是处于控制阶段，不要把球打到对方男队员手中，而应该把球打到女队员的防守区域，以便从中获得主动权。

例如，我方女队员发一号区，对方女队员接发推半场球，我方男队员处于控制阶段，此时，要分析对方女队员的位置及封网特点，如女队员封直线的意识较差，而且位置较靠近中线，此时，我方可回击一直线半场球，球的落点要使女队员跑动回击，由于她判断封网差，又站位靠中线，必然不能主动回击，就有可能回击出高球，以利我方主动进攻。假设：对方女队员站在偏边线的位置准备封我方的直线半场，此时，我方可回击对角网前，造成对方被动起高球。又如对方接发放网，我方也可回击二条路线，但一定要注意我方是要实行攻女队员之战术，因此，球一定要打到女队员的防区，让她去处理球，不要太用力，防止把球打到中场让男队员去处理。以上列举情况虽复杂，但都出于坚持让女队员处理球，又不让她主动处理，然后，我方女队员封紧网前，让她打出高球，这种战术就属成功的。反之被女队员封住就被动了。在处理这种球时要注意的是"巧打"，而不是"硬打"，特别要注意判断对方女队员的封网意图，最要紧的是有高质量的回击球路，一是球路要出乎对方女队员之判断；二是要有高质量的过网弧度，弧度要平，不易被女队员扑死，只能推，这样就有利于我方控制，从而增大迫使对方回击出高球的可能性。

3. 接发球时，运用攻女队员的战术

当我方接发球时，可直接运用攻女队员的战术，总的要求就是把球回击到前场，如放网，放对角网前，轻推直线半场或轻拨对角网前，这些球都会促使对方女队员跑动回击，如质量好一些，我方就可获主动进攻权，质量差则处理起来较为复杂。

当我们遇到男队员水平较高，而女队员相对差一些时，运用这种战术是很有效的。反之，男队员水平一般，特别是后场攻击水平一般，而女队员网前封网水平很高，我方就不一定要坚持运用这种战术，如英国混双，女队员封网意识很强，而男队员在后场进攻对我方威胁不是很大，在这种情况下，不能一味地打此种战术，而应先过渡到后场区，再伺机反攻。

（六）攻中路战术

比赛中有这样的情况，对方男队员在进行二边中场控制时，能力很强，威胁很大，他直线结合对角处理得很好，使我队防守的区域扩大，特别是女队员不易封住对方回击的平球，此时，改用攻中路战术，会使对方的优点无法发挥，由于对方在处理二边线球时的手腕控制能力较强，如打中路，对方这一优点无法发挥，如对方还是用以前的角度击球，就有可能会造成对角太大而出界，再则因为球在中路，对方易回击直线，我方女队员也易封网。总之，进行这一战术的作用一是让对方优点无从发挥，二是使我方男队员的防守范围缩小，特别是对于封直线区角度小得多。

（七）杀大对角男队员边线的战术

当我方获得主动进攻机会之时，在一般情况下，均是采用攻女队员之战术，此时，男队员应尽量站在靠近女队员的一边，特别是在和女队员成直线进攻时，一般男队员应靠女队员一边，造成男队员另一侧空当的局面，在这种情况下，就可使用杀大对角男队员边线的战术。为什么男队员应靠女队员一侧呢？问题就是他总感到女队员防守较弱，为了保护女队员所造成的，当然，使用此种战术条件是女队员和进攻者成直线，而这种条件也较少见，因为一般被逼挑高球后，女队员均退到与进攻者成对角的一区，如遇到这种情况，就不易实行此种战术了。

（八）杀吊结合战术

在对方男队员要防守三个区域，女队员只防守一个区域的情况之下，男队员的网前可以考虑进行杀吊结合战术，以打乱对方的防守阵地。又如，女队员挑出不太靠底线的球，她必然迅速后退，在这种情况之下，采用杀吊结合战术是很有实用价值的。

（九）短杀结合长杀，重杀结合轻杀的战术

这些都是在主动进攻中应该熟练掌握的技巧和战术。一味地重杀一个角度，当对方适应以后也就没效果了。一味使用长杀易被对方采用半蹲防守来破解。所以在进攻中除了要结合高吊之外，还得注意角度的变化，即落点长短之变化。击球力量的变化即轻杀和重杀的结合。

（十）狠抓思想配合上的弱点而制定的战术

所谓思想配合上的弱点表现在互相埋怨、互相不服、互不理睬，各打各的球，对胜负无所谓等，我方要注意发现对方在这方面的弱点，从而加以利用。从这点出发所制定的战术，往往是最有效、最高明之战术，问题是能否发现，并制定一套相应的行之有效的战术。

（十一）进攻中几种封网分工法

如我方获得主动进攻时，由于封网分工不明确，可能造成失去主动权。因此，封网明确分工能使我方主动进攻达到攻对方于死地之目的。

1. 右后场区进攻的封网分工

当我方男队员获得右后场区主动进攻权时，由于对方女队员和男队员成直线，所以杀直线，我方女队员要封住前场区域的平球，但是，左前场区处是弱点和漏洞。

当我方男队员获得右后场区主动进攻权时，对方女队员退到对角区，此时我方女队员要封住左前场区的平球。此时右前场区是弱点和漏洞。

2. 从左场区进攻的封网分区

当我方男队员获得左后场区主动进攻权时，由于对方女队员和我方男队员成直线，我方杀直线，我方女队员则要封住左前场区的平球，特别要注意对方平抽对角线平球时，一定要能封住，以便减轻男队员的压力。此时对角网前是弱点和漏洞。对方女队员和我方男队员成对角线，我方杀对角，女队员则要封住右前场区，此时，对角左前场区是弱点和漏洞。

（十二）在控制中的几种封网分工法

当我方男队员从右中场采用平推直线半场球时，对方男队员处理球，此时我方女队员要注意对方回击的直线半场球和对角平抽球，要封住这两条球路困难很大，但是，女队员如判断能力较好，这种困难就会小些。此时的判断可根据对方出手能力和习惯，假设对方习惯打对角，就要重点封对角，假设对方只会打直线，当然重点是防直线。但是，如判断不明，不要勉强去抢球，可让后场男队员处理。

当我方男队员从左中场区采用平推直线半场球，对方男队员处理球，此时女队员要注意封对方回击的直线半场球和对角平抽球。当我方从右中场采用勾对角网前球时，对方女队员上网将球推至左半场、中路半场及右前场，都属我方女队员应该封的球路，能否封到就要看我方判断能力及对方出手能力，如封不到，不要勉强封网，可让男队员处理，但前场区就得自己处理了。

在混双比赛中，女队员的水平高低，直接影响到整个混双水平，因双方均企图从女队员手中找到主动权，在控制阶段大部分是打前半场球，此时，女队员封网能力，即判断、反应、出手、突变能力强，可减少我方男队员失去重心的可能或直接获得主动权，增加对方男队员的困难。

英国混双优秀选手马丁·登在谈到如何打好混合双打时，对女队员的作用做了如下评论：混合双打主要打法应以女队员在前场、男队员在后场，在混双中女队员是占主要位置，女队员水平高，就容易取胜。女队员在网前一定要完全相信男队员，并且在不把球挑高的前提下，要在网前积极地封网，在心理上要对对方有威胁，并要占上风。

我国混双优秀女选手林瑛、史方静、高崚，就因为她们发球、接发球、封网判断能力及防守能力较强，所以组成的配对就有很高水平。

三、羽毛球混合双打防守战术的应变

混合双打的防守更需要"积极防守""守中反攻"。如果防守不积极而陷入"消极防守"之中，那必然很容易被对方抓住女队员这一防守的薄弱环节而被攻破。因此，当处于被动防守时，一定要有很强的"积极防守""守中反攻"的意识，才能尽快摆脱被动局面而转入反攻。

下面谈几种守中反攻战术：混合双打处于被动时，大部分是由对方男队员从后场进行进攻，只有在个别情况下，由女队员在后场进攻。因此，提出如何在对方男队员进攻情况下守中反攻的防守战术，很有必要。只有对对方一般封网规律及对方进攻中所存在的漏洞有充分了解时，才能采取有效的守中反攻的战术。

对方男队员从头顶区杀直线球，此时我方女队员可回击两个漏洞区，即勾或挑对角横线区（图4-4）。当对方男队员从头顶区杀对角我方女队员处，此时，对方封网漏洞与弱区在右前场左后场区横线处（图4-5）。如对方男队员从正手区杀直线至我方女队员处，此时，对方封网的漏洞与弱区在右后场与左前场区横线处（图4-6）。如对方男队员正手杀至对角我方女队员处，此时，对方封网的漏洞与弱区是在左后场与右前场区横线处（图4-7）。从以上图中可以看出，后场一个点和前场一个点都是漏洞或弱点，都是争取主动应该回击的落点。至于打到这些落点是否能达到守中反攻的目的，还得看对方移动的情况和我方回击的质量。当然网前是较易获得守中反攻的机会，但不易回击。

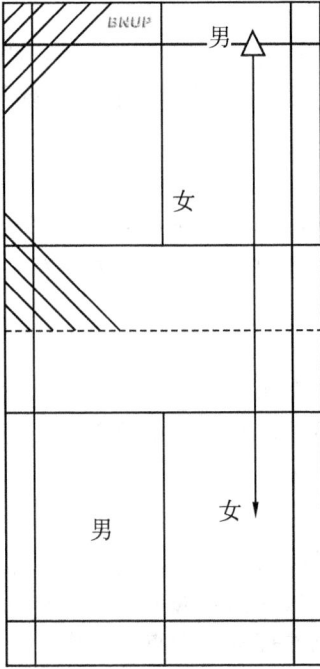

图 4-4

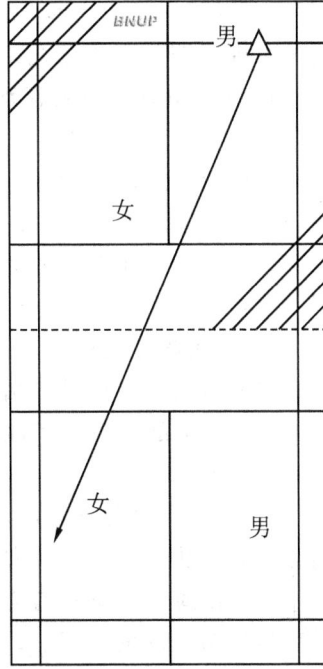

图 4-5

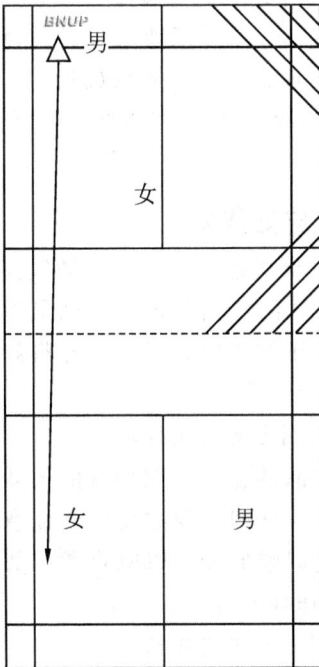

图 4-6

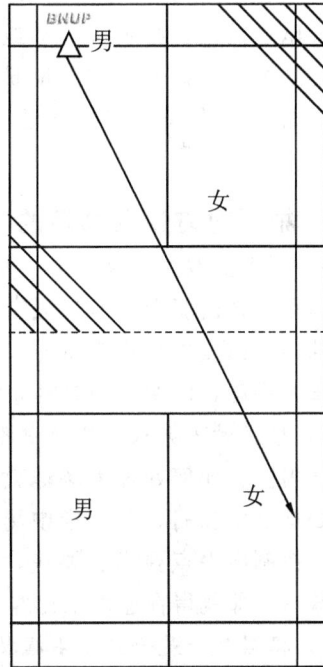

图 4-7

（一）挑二底线平高球战术

此种战术即所谓对方杀直线，我方挑平高对角；对方杀对角，我方挑平高直线，以达到调动对方左右移动之目的。如对方移动慢就无法保持进攻，或盲目进攻也有利于我方反攻。

（二）反抽直线勾对角战术

当对方男队员从二底线进攻站在对角线的我方女队员时，我方女队员可采用反抽直线结合勾对角战术最大限度地调动对方，并抓住其漏洞，但要注意反抽必须越过对方女队员的封网高度。

（三）反抽对角挡直线战术

当对角男队员从二底线进攻站在直线的女队员时，我方女队员可采用反抽对角结合挡直线的战术抓住其漏洞，但同样也要注意反抽必须要越过对方女队员的封网高度。

（四）挡直线、勾对角网前战术

当对方男队员从二底线攻我方女队员时，我方可采用挡直线结合勾对角网前的战术，可以避开后场强有力的攻击。只要挡和勾的质量有保证，一般还是容易变被动为主动的。当然，当我方把球打某一个点时，女队员要逼近封住其直线区，迫使对方打出高球。

（五）被动时，挑出球的落点应与我方女队员成对角线的战术

当女队员被动，必须挑高球或打高球时，一定得把球挑或打到与自己成对角线的地方。以避开对方男队员强有力的攻击。而当男队员被动，必须挑或打高球时，其落点应该与自己呈直线，以便避开对方男队员攻击我方女队员。

四、根据对方情况制定的混合双打应变战术

（一）根据混双必然是一男一女、一强一弱的这一特点制定的应变战术总的原则是重点攻击弱者，但当强者（男队员）防守站位偏于女队员时，攻击男队员的边线落点也会很有效果。当我方处于被动时，尽量把球打到网前让女队员来处理球，以便我们寻找守中反攻的机会。

（二）根据对方男队员处理中场球的特点制定的应变战术

对方男队员如何处理中场球就形成了这队的特点。例如有的男队员对中场球的处理是以软打、勾、推中场球为主要打法时，我方要特别注意半场移动要快，控制出手点要高、要快，抓到机会以快制慢，以刚克柔。如果跟着对方打软球，那就得在速度上比对方快才能压住对方。

（三）根据对手是一左一右握拍的配对制定的应变战术

首先，要分清是男队员左手握拍还是女队员左手握拍，接发球时如男队

员是左手，则要抓他的反手区，因为一般左手握拍者正手抽球比较凶，如女队员是左手握拍，那么她封正手区凶或是头顶区凶。如在防守时要明确左手握拍者是在左区，还是在右区。总之，这些情况要明确之后，才能决定我方所采取的战术路线。

（四）思想配合上有弱点，男队员爱埋怨同伴的配对，根据这些情况来制定的战术

这种情况在混双比赛中是经常发生的，一旦发现对方的这一弱点，就得在这个前提上去做文章，让男队员去埋怨女队员，一旦埋怨得厉害了，我方这一战术就成功了，如何让他们之间互相埋怨，这就要多花心思去有意识地给对方制造矛盾。

>>> 练习与思考

1. 如何理解单打战术，贯彻"以我为主""以快为主""以攻为主"的战术指导思想？

2. 羽毛球单打比赛中，一个球的争夺一般由哪几个阶段组成？

3. 你对男双、女双、混双在接发球的指导思想上有何看法？

第五章 羽毛球比赛竞赛规则

本章要点

本章共两节，介绍了羽毛球场地及器材、羽毛球比赛规则及裁判方法。

第一节 羽毛球场地、器材

一、球场

（1）球场应是一个长方形，见图 5-1。根据图中所示尺寸，用宽 40 毫米的线画出。

（2）场地线的颜色最好是白色、黄色或其他容易辨别的颜色。

（3）测试正常球速区域的 4 个 40 毫米×40 毫米的标记，应画在单打发球区边线内沿，距端线 530 毫米和 990 毫米处。这些标记的宽度均包括在所画的尺寸内，即距端线外沿 530～570 毫米和 950～990 毫米。

（4）所有场地线都是它所确定区域的组成部分。

（5）如果面积不够画出双打球场，可画一单打球场，端线亦为后发球线，网柱或代表网柱的条状物应放置在边线上。

二、网柱

（1）从球场地面起，网柱高 1.55 米。网柱必须稳固地同地面垂直，并使球网保持紧拉状态，网柱如图 5-2 所示，应放置在双打的边线上。

（2）如不能设置网柱，必须采用其他办法标出边线通过网下的位置。例如，使用细柱或 40 毫米宽的条状物固定在边线上，垂直向上到网顶绳索处。

（3）在双打球场上，不论进行的是双打还是单打比赛，网柱或代表网柱的条状物，均应置于双打边线上，见图 5-2。

6.10m

端 线 亦 即 单 打 后 发 球 线

0.72m ⎡40mm

⎣40mm

双 打 后 发 球 线

3.88m

单 打 边 线

右 发 球 区

中 线

左 发 球 区

双 打 边 线

1.98m ⎣40mm

1.98m ⎣40mm

球 网

网柱

单 打 边 线

双 打 边 线

3.88m

左 发 球 区

中 线

右 发 球 区

双 打 后 发 球 线

0.72m ⎡40mm
⎣40mm

13.40m

40mm 40mm   40mm   40mm 40mm

0.42m 2.53m   2.53m   0.42m

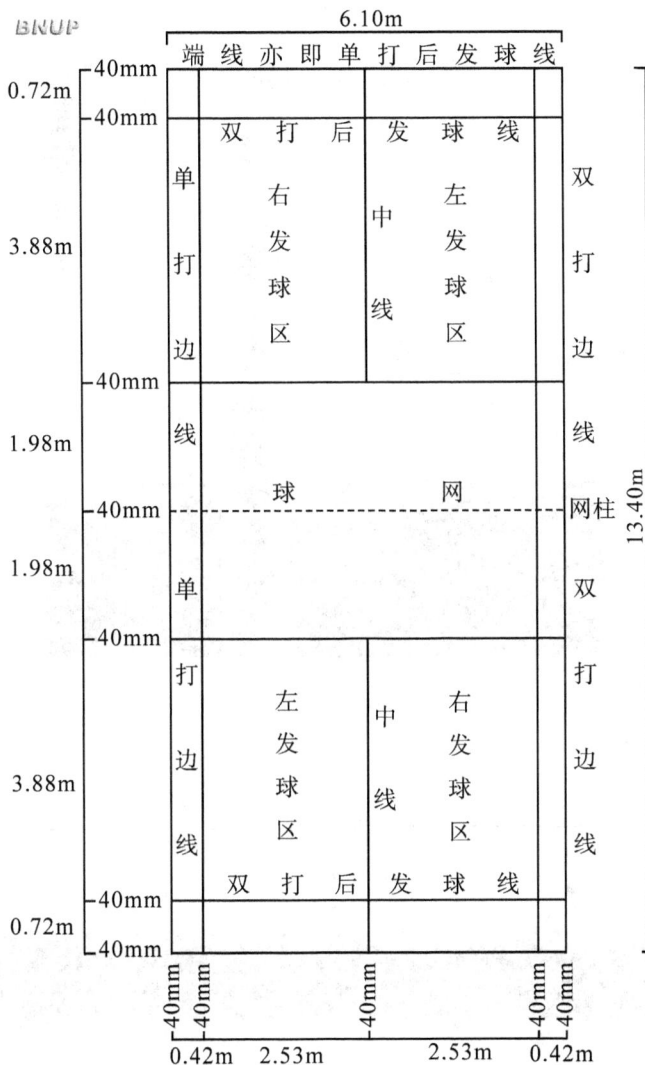

图 5-1 羽毛球场地大小

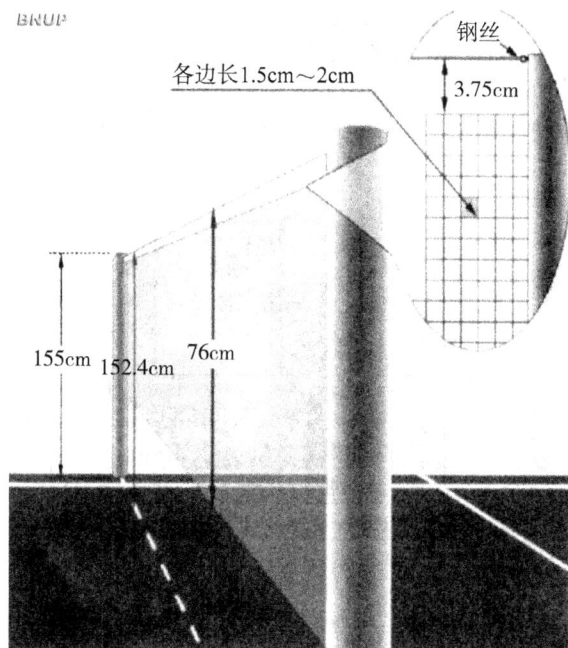

各边长1.5cm～2cm

钢丝

3.75cm

155cm 152.4cm 76cm

图5-2 网柱

三、球网

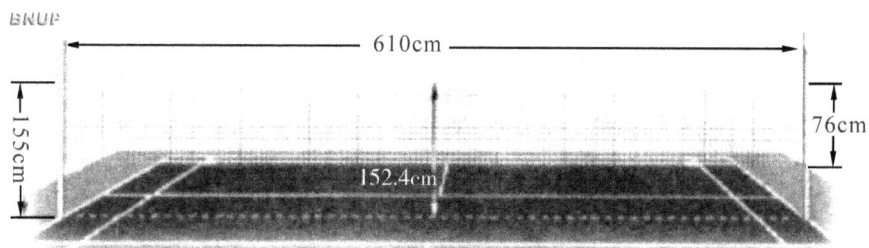

610cm

155cm

76cm

152.4cm

图5-3 球网

（1）球网应是深色、优质的细绳织成。网孔方形，各边长均在15～20毫米。

（2）网上下宽760毫米。

（3）网的顶端用75毫米的白布对折而成，用绳索或钢丝从夹层穿过。白布边的上沿必须紧贴绳索或钢丝。

（4）绳索或钢丝须有足够的长度和强度，能牢固地拉紧并与网柱顶部取平。

（5）球场中央网高1.524米，双打边线处网高1.55米。

（6）球网的两端必须与网柱系紧，它们之间不应有空隙。

四、羽毛球

羽毛球可由天然材料、人造材料或它们混合制成。只要球的飞翔性能与用天然羽毛和包裹羊皮的软木球托制成的球的性能相似即可，见图 5-4。

图 5-4　羽毛球

（一）羽毛球的一般式样

1. 羽毛球应有 16 根羽毛固定在球托部。

2. 羽毛长 64～70 毫米。但每一个球的羽毛从托面到羽毛尖的长度应一致。

3. 羽毛顶端围成圆形，直径为 58～68 毫米。

4. 羽毛应用线或其他适宜材料扎牢。

5. 球托直径 25～28 毫米，底部为圆形。

（二）羽毛球重 4.74～5.50 克

（三）非羽毛制成的球

1. 用合成材料制成裙状或羽毛。

2. 球托直径 25～28 毫米，底部为圆形。

3. 尺寸和重量同上，但由于合成材料与天然羽毛在比重、性能上的差异，可允许不超过 10％的误差。

（四）球的检验

1. 验球时，站在端线外，用低手向前上方全力击球，球的飞行方向须与边线平行。

2. 一个具有正常速度的球，应落在离对方端线 530～990 毫米的区域内。

3. 非标准球：只要球的一般式样、速度和飞翔性能不变，经有关国家组织批准，可以变通以上条款。如，由于海拔或气候等条件不宜使用标准球时；情况特殊，必须更改才有利于开展比赛时。

五、球拍

1. 球拍的各部分规则如下所述：

（1）球拍由拍柄、拍弦面、拍头、拍杆、连接喉组成整个框架。

（2）拍柄是击球者握住球拍的部分。

（3）拍弦面是击球者用于击球的部分。

（4）拍头界定了拍弦面的范围。

（5）拍杆连接拍柄与拍头。

（6）连接喉（如果是这样的结构）连接拍杆与拍头。

（7）拍头、连接喉、拍杆和拍柄总称拍框。

2. 拍框总长度不超过 680 毫米，宽不超过 230 毫米。

3. 拍弦面应是平的，用拍弦穿过拍头十字交叉或其他形式编织而成。编织的式样应保持一致，尤其是拍面中央的编织密度不得小于其他部分；拍弦面长不超过 280 毫米，宽不超过 220 毫米；不论拍弦用什么方式拉紧，规定拍弦伸进连接喉的区域不超过 35 毫米，连同这个区域在内的整个拍弦面长不超过 330 毫米。

4. 球拍不允许有附加物和突出部，除非是为了防止磨损、断裂、振动，或调整重心的附加物，或预防球拍脱手而将拍柄系在手上的绳索，但尺寸和位置应合理，不允许改变球拍的规定式样。

第二节　羽毛球比赛规则及裁判方法

一、运动员

1. 运动员指所有参加比赛的人。

2. 双打比赛以两名运动员为一方，单打比赛以一名运动员为一方。

3. 有发球权的一方叫发球方，对方叫接发球方。

二、掷挑边器

比赛前，双方应掷挑边器。赢的一方将在规则 1 或 2 中做出选择。

1. 先发球或先接发球。

2. 一个场区或另一个场区。

3. 输方在余下的一项中做出选择。

三、计分

国际羽联从 2006 年 2 月 1 日起正式实施羽毛球新规则，新规则的最大变化是取消了发球得分制，另外规定每局获胜分为 21 分。

（一）单打

1. 每场比赛采取三局两胜制。

2. 率先得到 21 分的一方赢得当局比赛。

3. 如果双方比分打成 20 比 20，获胜一方需超过对手 2 分才算取胜。

4. 如果双方比分打成 29 比 29，则率先得到第 30 分的一方取胜。

5. 首局获胜一方在接下来的一局比赛中率先发球。

6. 得分方有发球权，如果本方得单数分，从左边发球；得双数分，从右边发球。在第三局或只进行一局的比赛中，当一方分数首先到达 11 分时，双方交换场区。

7. 当一方在比赛中得到 11 分后，双方队员将休息 1 分钟。

8. 两局比赛之间的休息时间为 2 分钟。

（二）双打

1. 改双发球权为单发球权。

2. 后发球线保留，现行规则适用。

3. 比赛开始前，双方通过投掷硬币方式确定由哪一方来选择是先发球或后发球。双打新规则：A/B 对 C/D 的双打比赛。A/B 赢了挑边并选择了发球。A 发球，C 接发球。A 为首先发球员，而 C 则为首先接发球员。注意：发球员的顺序与单打中的顺序一样，即以分数的单数或双数来决定，只有发球方在得分时才交换发球区。除此以外，运动员继续站在上一回合的各自发球区不变，以此保证发球员的交替。

（三）新旧规则比较

1. 每球得分 21 分制。

旧规则：15 分制（女单 11 分制），获发球权方可得分。

新规则：21 分制，任何一方只要将球打"死"在对方的有效位置，或者因为对方出现违例或失误，均可得分。

比较：取消有发球权的一方方可得分的规则后，比赛速度加快了。

2. 增加技术暂停。

旧规则：球员在比赛中可向裁判提出暂停比赛，到场边擦汗、喝水或绑鞋带。

新规则：除非特殊情况（比如地板湿了，球打坏了），球员不可再提出中断比赛的要求。但是，每局一方以 11 分领先时，比赛进行 1 分钟的技术暂停，让比赛双方进行擦汗、喝水等。

比较：以往，在一场激烈的比赛中，擦汗、喝水、绑鞋带或者换球等举动往往被球员当成一种战术。现在，新规则腾出了技术暂停时间，球员除了把技术发挥好，其他"伎俩"都难以实现。

3. 平分后的加分赛。

旧规则：比赛双方打成 13 平、14 平，先获 13 或 14 分的一方，有权决定双方加打 5 分或 3 分（女单出现 9 平或 10 平时，可分别要求加打 3 分或 2 分）。

新规则：每局双方打到 20 平后，一方领先 2 分，即算该局获胜；若双方打成 29 平后，一方领先 1 分，即算该局取胜。

比较：这些细则的变化对比赛整体的冲击不是太大。尽管规则要求在 20 平后，双方须有 2 分的差距，但因为取消了发球权，因此不会造成比赛的拖沓。

4. 取消第二发球。

旧规则：双打赛，一方的一名球员失去发球权后，本方的另一名球员还有一次发球权。

新规则：得分方有发球权，如果本方得单数分，从左边发球；得双数分，从右边发球。

比较：推行每球得分制后，取消双打第二发球权也是顺理成章的。从此次比赛看，双打运动员的配合因为赛制的改变面临着配合战术的改变。

5. 发球员的顺序与单打中的顺序一样，即以分数的单数或双数来决定，只有发球方在得分时才交换发球区。得分者有发球权，如果本方得单数分，从左边发球；得双数分，从右边发球。除此以外，运动员继续站在上一回合的各自发球区不变，以此保证发球员的交替。例如：

（1）如果比赛在 A/B 组合和 C/D 组合之间进行，A/B 一方选择先发球。假如说 A 站在两人的右手区域，那么 A 先发球给对角线位置上的 C（假设）。

（2）如果 A/B 一方得分，那么 A 和 B 需要交换彼此的站位区，还由 A 来发球，将球发给 D（A/B 一方得分，C 和 D 两人不换位置）。

（3）如果此时 C/D 一方得分，那么双方四名队员都不换位置，发球权交给 C/D 一方，由刚才接发球的 D 来发球，D 发球给对方刚才发球的选手 A。

（4）如果 D 发球后 C/D 一方得分，那么 C 和 D 交换位置继续由 D 发球给 B。

（5）如果 D 发球后得分的是 A/B 一方，那么双方队员不用换位，发球权交给 B，交换场区。

四、发球

(一)合法发球

1. 发球时任何一方都不允许非法延误发球。

2. 发球员和接发球员都必须站在斜对角发球区内发球和接发球，脚不能触及发球区的界线；两脚必须都有一部分与地面接触，不得移动，直至将球发出。

3. 发球员的球拍必须先击中球托，与此同时整个球要低于发球员的腰部，见图5-5。

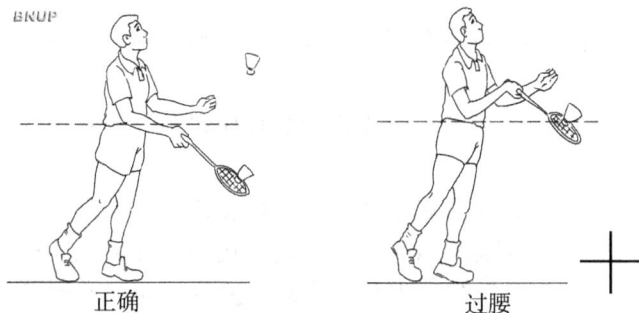

图5-5　合法发球与非法发球一

4. 击球瞬间，球拍杆应指向下方，从而使整个拍头明显低于发球员的整个握拍手部，见图5-6。

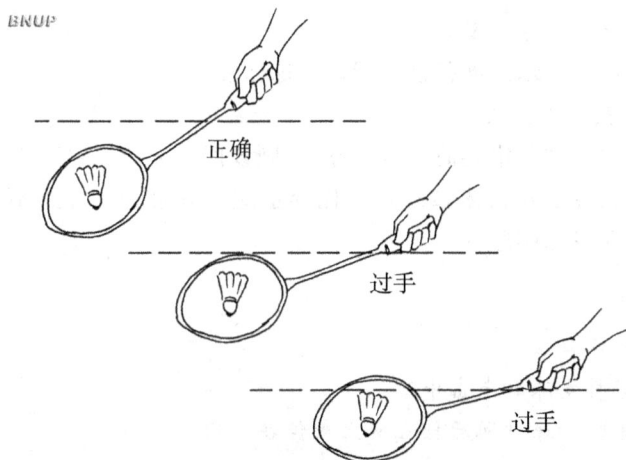

图5-6　合法发球与非法发球二

5. 发球开始后，发球员的球拍必须连续向前挥动，直至将球发出。

6. 发出的球必须向上飞行过网，如果不受拦截，应落入接发球员的发球区内。

（二）一旦双方运动员站好位置，发球员的球拍头第一次向前挥动即为发球开始

（三）发球员须在接发球员准备好后才能发球，如果接发球员已试图接发球则被认为已做好准备

（四）一旦发球开始，球被发球员的球拍触及或落地即为发球结束

（五）双打比赛，发球员或接发球员的同伴站位不限，但不得阻挡对方发球员或接发球员的视线

（六）单打

1. 发球员的分数为 0 或双数时，双方运动员均应在各自的右发球区发球或接发球。

2. 发球员的分数为单数时，双方运动员均应在各自的左发球区发球或接发球。

3. 球发出后，由发球员和接发球员交替对击直至"违例"或"死球"。

4. 接发球员违例或因球触及接发球员场区内的地面而成死球，发球员就得 1 分。随后，发球员再从另一发球区发球；发球员违例或因球触及发球员场区内的地面而成死球，发球员即失去发球权，且失去分数。

（七）发球区错误

1. 以下情况为发球错误

（1）发球顺序错误；

（2）从错误的发球区发球；

（3）在错误的发球区准备接发球，且球已发出。

2. 发球区错误的处理

（1）如果因发球区错误而"重发球"，则该回合无效，纠正错误重发球。

（2）如果发球区错误未被纠正，比赛也应继续进行，并且不改变运动员的新发球区和新发球顺序。

五、违例

（一）发球不合法

（二）发球员发球时未击中球

（三）发球时，球过网后挂在网上或停在网顶

（四）比赛时

1. 球落在球场界线外；

2. 球从网孔或网下穿过；

3. 球不过网；

4. 球碰屋顶、天花板或四周墙壁;

5. 球触及运动员的身体或衣服;

6. 球触及场外其他人或物体(由于建筑物的结构问题,必要时地方羽毛球组织可以指定羽毛球触及建筑物的临时规定,但其国家组织有否决权);

7. 比赛时,球拍与球的最初接触点不在击球者网的这一方(击球者击球后,球拍可以随球过网)。

(五)比赛进行中

1. 运动员球拍、身体或衣服触及网或网的支撑物。

2. 运动员的球拍或身体从网下侵入对方场区,妨碍对方或使对方分散注意力。

3. 妨碍对方,如阻挡对方紧靠球网的合法击球。

4. 比赛时,运动员故意分散对方注意力的任何举动,如喊叫、故做姿态等。

5. 比赛时:

(1)击球时,球夹在或停滞在拍上紧接着又被拖带;

(2)同一运动员两次挥拍连续击中球两次;

(3)同方两名运动员连续各击中球一次;

(4)球触及运动员球拍后继续向其后场飞行;

6. 运动员严重违反或一再违反的规定。

六、重发球

有裁判员宣判"重发球",用于中断比赛。

(1)遇不能预见或意外的情况,应重发球。

(2)除发球外,球过网后挂在网上或停在网顶,应重发球。

(3)发球时,发球员和接发球员同时违例,应重发球。

(4)发球员在接发球员未做好准备时发球,应重发球。

(5)比赛进行中,球托与球的其他部分完全分离,应重发球。

(6)司线员未看清,裁判员也不能做出决定时,应重发球。

(7)"重发球"时,最后一次发球无效,原发球员重新发球。

七、死球

下列情况为死球:

(1)球撞网并挂在网上,或停在网顶;

(2)球撞网或网柱后开始在击球者这一方落向地面;

(3)球触及地面;

（4）"违例"或"重发球"已被宣报。

八、裁判职责和申述

（1）裁判长对竞赛全面负责。

（2）临场裁判员主持一场比赛并管理该场地及其周围。裁判员向裁判长负责；未设裁判长时，向竞赛负责人负责。

（3）发球裁判员负责宣判发球违例。

（4）司线员负责宣判界内球或界外球。

（5）裁判员应维护和执行《羽毛球比赛规则》，及时地宣判"违例"或"重发球"等。

（6）裁判员对申述应在下一次发球前做出裁决。

（7）裁判员应使运动员和观众能了解比赛的进程。

（8）裁判员可与裁判长磋商、安排、撤换司线员或发球裁判员。

（9）裁判员不能推翻司线员和发球裁判员对事实的裁决。

（10）在缺少临场裁判人员时，裁判员应就无人执行的职责做出安排；有临场裁判人员不能做出判断时，由裁判员执行他的职责或"重发球"。

（11）裁判员有权暂停比赛。

（12）裁判员应将所有仅与规则问题有关的申述提交裁判长（这类申述，运动员必须在下一次发球击出前提出；如在一局结尾，则应在离开场地前提出）。

>>> 练习与思考

1. 国际羽联最新羽毛球规则中最大的变化是什么？

2. 列举几种常见的不合法发球？

3. 哪几种情况，裁判员应宣判"重发球"？

附：羽毛球裁判手势图

羽毛球比赛裁判手势图解

裁判员的具体手势

停止练习　　　　　换发球（指向发球方）　　　第二发球、连击

持球、拖带　　　　　触网　　　　　　过网击球

暂停　　　　　　方位错误　　　　　得分

发球裁判的手势要求

击球瞬间，球拍杆未指向下方，整个拍头明显低于发球的整个握拍手部（图一）；击球瞬间，球的整体未低于发球员的腰部（图二）；不正当的延误击出。一旦双方站好位置，发球员球拍头第一次向前挥拍即为发球开始，挥拍必须继续向前（图三）；发球击出前，脚不在发球区内、触线或移动（图四）；最初的击球点不在球托上（图五）。

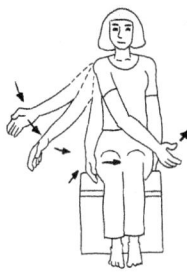

图一   图二   图三

图四（一）   图四（二）   图五

对司线员的要求

司线员应坐在他所负责的延长线上，最好面向裁判员，在实际安排时，司线员的位置与场地的理想距离约 2.5～3.5 米。

当球落在界外，除大声清楚地报"界外"，同时双臂侧举，使裁判员能看清楚（图六）；

如果落在界内，只用手指向界内（图七）；

如果视线被挡住，应立即举起双手，盖住眼睛（图八）。

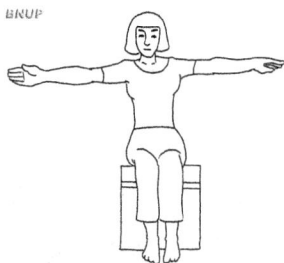

图六   图七   图八

下篇 网 球

第六章 网球运动概述

📎 本章要点

本章共四节，介绍了网球运动的起源，世界网球运动的发展概况，中国网球运动的发展概况及现代网球运动的发展趋势。

第一节 网球运动的起源

作为世界第二大球类运动的网球，最早起源于12～13世纪法国传教士在教堂回廊里用手掌击球的游戏，法语称"jeu de paume"，即用手掌击球的意思。以后这种游戏传入法国宫廷，成为王宫贵族娱乐消遣的一种活动。后来，法国国王路易五世把网球定为王室贵族的专门活动，禁止平民百姓参加。也有人认为：网球运动的起源应追溯到"百年战争"（1337～1453年英法两国战争）以前，在法国民间流传的一种名叫海欧·德·巴乌麦的球类游戏。

网球运动的最初方式是用一根绳子将游戏场地隔成两个半区，游戏双方在自己的场区内将一种塞满头发或绒毛的小布球击到对方场区内，对方又击回来，如此往返进行。这种游戏最初是在室内进行的，后来又移到户外进行。

14世纪中叶，法国王储将这种游戏的球赠送给了英国国王亨利五世。当时这种球的表皮是用埃及坦尼斯（Tennis）镇所产的最为著名的绒布——斜纹法兰绒制作的，英国人就将这种球称为"Tennis"，并且流传下来，直到现在我们使用的球还保留着一层柔软的绒面，"Tennis"一词也就成为网球运动的专用语。到英国国王爱德华三世时期，尤其钟爱这项游戏，下令在宫内建造一处室内球场。从此，网球开始在英国流行，成为英国上层社会的一种娱乐活动。由于这种活动只是在法国和英国宫廷中流行，所以网球运动亦有"宫廷网球""皇家网球""贵族运动"等雅称，这期间流行的主要是室内网球。

　　16世纪初，这项球类游戏被法国国民发现，出于好奇心开始仿效，很快地传播到各大城市，同时改良了用具。球制造得比较耐用，拍子由木板改为羊皮纸板，拍面面积放大，握把的柄也加长。场地中间的绳子，增加无数短绳子向地面垂下，球从绳子下面经过时，可以明显地发觉。后来被法国国王路易斯下令禁止，并规定这是宫廷中的特权游戏。17世纪初，场地中间不再用绳帘，而改用小方格网子，网比帘的作用更好，拍子改用穿线的网拍，富有弹性而且轻巧方便。在法国宫廷中做这种游戏时，球场旁边放置一只金色容器，每次比赛完毕后，观众将金钱投入盘中，作为胜利者的奖品。这种方法起初的用意很好，后来渐渐演变成为一种赌博。开始时数目尚小，久而久之越赌越大，甚至有人因此倾家荡产，于是纠纷迭起，法国国王遂下令禁止再做此种游戏，这就是18世纪初期网球衰败的主要原因。

　　1873年英国人M.温菲尔德改进了早期的网球打法，使之成为夏天能在草坪上进行的一项运动，取名为"草地网球"，并出版了一本《草地网球》手册，制定出了最早的网球运动规则。M.温菲尔德因此被人们称为近代网球运动的创始人。1875年英国的板球俱乐部修订了网球比赛规则后，于1877年7月在英国的温布尔登举行了第一届温布尔登草地网球锦标赛。后来该俱乐部把网球比赛场地定为长23.77米、宽8.23米的长方形，球网中央高度为99厘米，每局采用15、30、40等记分方法。1884年英国伦敦的玛丽勒本板球俱乐部把球网中央高度改为91.4厘米。至此，现代网球运动正式形成。

　　在1896年第1届奥运会上网球就被列为正式比赛项目，后来由于国际奥委会和国际网球联会在"业余运动员"的定义上有分歧，国际奥委会取消了奥运会中的网球项目。1984年在第23届洛杉矶奥运会上，网球比赛被列为表演项目，1988年在汉城奥运会上，网球又重新被列为奥运会正式比赛项目。

第二节　世界网球运动的发展概况

一、网球运动的组织机构

（一）国际网球联合会（ITF）

　　1912年3月1日，法国、英国、澳大利亚等12个国家的代表在巴黎召开会议，正式成立了国际网球组织——国际网球联合会（International Tennis Federation，ITF），简称国际网联，总部设在英国伦敦，是当今国际网球运动的最高组织机构。它为世界网球运动的发展起到了巨大的推动作用，同时也规范着网球运动朝着健康、文明的方向发展。国际网联负责组织世界上的两大团体赛,即戴维斯杯赛(男子)和联合会杯赛(女子);负责指导四大公开赛,即温布尔登、法国、美国和澳大利亚的网球公开赛;负责奥林匹克网球比赛最后阶段的比赛等。

国际网球联合会到目前为止现有协会会员 191 个,其中 119 个为正式会员,72 个为无表决权的联席会员。会员拥有的表决票数不同,分为 1 票、3 票、5 票、7 票、9 票和 12 票 6 个等级,拥有最高表决票数 12 票的有澳大利亚、英国、法国、美国、德国共 5 国。

(二)国际职业网球联合会(ATP)

国际职业网球联合会(Association of Tennis Professional,ATP),也称职业网球球员协会。ATP 是世界男子职业网球选手的"自治"组织机构。1972 年成立于美国公开赛之时,其主要任务是协调职业运动员和赛事之间的伙伴关系,并负责组织和管理职业选手的积分、排名、奖金分配,以及制定比赛规则和给予或取消选手的参赛资格等项工作。国际职业网联进行排名榜的改革。职业网联负责人马克·迈尔斯是一位经验丰富的体育经纪人,为了提高赛事的水准,他首先改革沿用多年的平均体系排名法。该排名法是从 1973 年开始使用的,其主要弊端是使一些优秀网球选手每年参赛的次数急剧下降。基于这一点,职业网联决定采用"最佳 14 场赛事计分体系",以取代平均体系排名法,这就是我们现在所见到的 ATP 排名,它达到了促使球员多参赛的目的。国际职业网联实施"超级巡回赛计划"。ATP 系列赛又包括下面六种比赛:大师杯赛、世界双打锦标赛、世界队际锦标赛、网球大师系列赛(即超九赛事)、国际黄金系列赛、国际系列赛。

(三)职业女子网球协会(WTA)

职业女子网球协会(WTA)成立于 1973 年,球员总部设在佛罗里达州的圣彼得斯堡,其主要办公机构目前在康涅狄格州。另外,在欧洲还有一个小的分支机构。WTA 巡回赛组织的总部设在美国康涅狄格州西南部的斯坦福德。体育科学部、医学部、巡回赛运作部和选手关系办公室设在美国佛罗里达州的圣彼得斯堡。巡回赛还在伦敦设有欧洲总部的办公室。WTA 由一个主席和一个董事会来管理,他们多数是现役球员,另外还有一些是商业顾问。理事会为整个网球运动的核心机构即为女子网球职业协会提供建议。像男子网球运动一样,WTA 的主要职责是负责所有球员的问题。球员们在女子网球协会中有各自的代理人,女子职业网球协会决定整个巡回赛的所有规则,并资助一些表演赛,使球员们能参加一些这样的比赛而不必担心与真正的职业联赛相冲突。

二、网球的重大赛事

自 1877 年英国举办了全英草地网球男子单打锦标赛后（即后来成为著名的温布尔登网球赛），美国于 1881 年举办了第一届美国草地网球男子单打和双打锦标赛。1887 年美国又设立了草地网球女子单打锦标赛，1890 年增设了女子双打比赛，1891 年又设立了男女混合双打比赛。被称为"网球内阁"的罗斯福总统对美国网球运动的发展应该说起了很大的推动作用。由于他酷爱网球，经常参加网球运动，并将网球选手请到白宫打球，还专门设立了"白宫杯"网球比赛。因此，网球运动在当时的美国得到了空前的发展，同时也带动了网球运动在世界范围的发展。所以有"网球运动孕育于法国，诞生在英国，普及并形成高潮在美国"之说。

1891 年法国举行了第一届男子单打、双打锦标赛，1897 年又设立了女子单打比赛。1904 年，澳大利亚成立了草地网球协会，并于 1905 年举办了澳大利亚网球锦标赛，设立了男子单打、双打两个项目，1922 年又增设了女子单打、双打和男女混合双打比赛。随着网球运动的不断发展，国际网球比赛越来越多。

据统计：全世界每年举行的各种男子国际网球赛有 100 多次，女子比赛也有近 100 次。其中最著名的比赛有澳大利亚网球公开赛（Australian Open）、法国网球公开赛（French Open）、英国温布尔登草地网球锦标赛（Wimbledon Open）、美国网球公开赛（USA Open），每年举行的这四项赛事被人们称为国际四大网球公开赛，它代表着世界最高水平的比赛，同时被人们统称为"大满贯"网球赛。四大网球公开赛的详细情况见表 6-1。

表 6-1　四大网球公开赛起始年代与比赛时间、地点、场地一览表

四大网球公开赛	地点	比赛月份	起始时间		场地
			男	女	
英国	伦敦温布尔登	6～7 月	1877 年	1884 年	草地
美国	纽约林山	8～9 月	1881 年	1887 年	人工塑胶场
法国	巴黎奥太伊	5～6 月	1891 年	1897 年	红土场
澳大利亚	墨尔本	1～2 月	1905 年	1922 年	人工塑胶场

四大网球公开赛设有男、女单打，男、女双打和男女混合双打 5 个项目。赛制采用淘汰制，男子比赛五盘三胜制，女子则采用三盘两胜制。如果一名运动员在一年内同时获得四大网球公开赛的冠军，即被称之为夺得了"大满贯"。夺得"大满贯"是网球运动员获得的最高荣誉。美国著名的网球运动员 J. D. 巴奇于 1938 年成为世界上第一个夺得"大满贯"殊荣的运动员。他以凶

猛的发球、闪电般的网前截击，强力的后场抽球和精准的落点形成了能攻善守的全面型打法；第二位"大满贯"得主是美国女子运动员 M. 康诺利，她是在 1953 年夺得了该荣誉；第三位是澳大利亚的 R. G. 拉弗，他于 1962 年和 1969 年两次夺得"大满贯"；而第四个"大满贯"的得主则是澳大利亚姑娘玛格丽特·蕾特，她自 1960～1973 年共获得过 25 次冠军，长期称雄于国际女子网坛，并在 1970 年夺得"大满贯"。20 世纪 70 年代，美国女子运动员劳埃德以 50 场连胜的战绩登上了世界网坛顶峰成为"网球女皇"，雄踞世界女子网坛达 7 年之久。从 20 世纪 80 年代起，随着网球运动在世界范围内的普及程度的提高，网球热风靡全球。各种公开赛、巡回赛、大师赛、锦标赛越来越精彩，愈演愈激烈。尽管如此，世界网坛的超级球星仍然层出不穷。如：被称为世界球王的瑞典运动员博格，以其冷静、沉稳的打法 6 次夺得法国网球公开赛冠军，5 次夺得英国温布尔登网球锦标赛冠军；后来，美国运动员麦肯罗又击败博格称霸国际网坛达 3 年之久；而 1985 年又进入了美国运动员伦德尔的时代。自 20 世纪 90 年代以来，一人长期称霸世界网坛的局面一去不复返了。世界网坛呈现出新秀如雨后春笋，老将群星璀璨的局面。

国际网联的正式团体赛有：戴维斯杯（Davis Cup 男子团体）、联合会杯（Federation Cup 女子团体）、NEC 世界青年杯（16 岁以下男女少年）、NTT世界少年网球赛（14 岁以下男女少年），以及针对不同年龄组的意大利杯、杜布莱尔杯、奥地利杯、不列颠杯、克洛福德杯等。还有分别为 40 岁和 50 岁妇女举办的青年杯和布耶诺杯等。其中戴维斯杯是由美国人戴维斯于 1900 年倡议举办的。它是当今世界最高水平的男子团体赛事，它体现一个国家的男子网球运动的整体水平。截至 2010 年年底，戴维斯杯网球赛共举行了 99 届。联合会杯网球赛是于 1963 年为纪念国际网球联合会成立 50 周年而举办的。它是当今最高水平的世界女子网球团体赛事，反映了一个国家女子网球运动的整体水平。截至 2010 年，联合会杯共举行了 49 届。

从历届的比赛成绩看，美国的水平最高，共获得过 32 次戴维斯杯冠军，19 次联合会杯冠军；澳大利亚共获得过 28 次戴维斯杯冠军；英国、法国、瑞典分别获得过 9 次、9 次和 8 次戴维斯杯冠军。

参见表 6-2 温布尔登网球公开赛冠军榜、表 6-3 美国网球公开赛冠军榜、表 6-4 法国网球公开赛冠军榜、表 6-5 澳大利亚网球公开赛冠军榜、表 6-6 戴维斯杯冠亚军榜及表 6-7 联合会杯冠亚军榜。

三、网球的技战术演变

自从有了网球比赛，网球运动的各种技术、打法不断演变和发展。最早的抽球主要是以正手的平击球为主，反手技术主要是以防守为目的的削球。

而现代的网球技术正反手均采用抽击球，主要以快速的强力上旋击球为主，加强了球的旋转速度，落地后前冲性更强。技术打法从早期的稳定的防守型向进攻型转变。目前，世界优秀运动员的打法趋向于既有突出的特长技术，又有全面的技术。即：发球力量大、速度快、落点刁、旋转变化多；正反手击球技术水平日趋平衡，上旋抽击的旋转击球技术被普遍采用；网前截击技术精准、灵活。网球的技术打法朝着综合战术进攻型打法发展。

四、网球职业化、商业化进程

当今网球比赛的商业化和职业化推动了网球运动的迅速发展。过去网球的重大比赛一直不允许职业运动员参加。至1968年国际网球联合会取消了这一禁令后，世界各大赛事便充满了商业色彩。四大网球比赛、各种大奖赛、巡回赛、大师杯赛的奖金数额都非常巨大。如：美国网球公开赛的奖金高达600多万美元，2002年我国上海举办大师杯国际网球赛的奖金也达到370万美元。这种高额的奖金刺激极大地调动了运动员参与网球运动的积极性，促使了网球运动员的职业化，从而也推动了网球运动的发展。现代网球运动发展至今已有100多年的历史。它以特殊的魅力吸引着越来越多的人参与其中。在欧美和亚洲一些发达国家，网球运动早已成为仅次于足球的第二大运动项目。据统计：美国有7000多万人经常参加网球运动；意大利有网球俱乐部3000多个，会员100多万人；西班牙全国人口约3200万人，而注册的网球运动员就达200万人。法国有俱乐部4000多个，会员150万人；瑞典全国共有800多万人口，其中经常打网球的人就有100多万人；瑞士人口只有600多万人，而网球场就有近3000片；美国的大学平均拥有网球场地达40多片。一些经济发达国家，每年对网球运动的投资非常地大，如美国每年用于网球的器材经费高达6亿美元，全世界每年网球的消耗量大约有4亿个。如今参加网球运动、观看网球比赛早已成为人们生活中不可替代的重要组成部分。

表6-2　温布尔登网球公开赛冠军榜（1990～2011年）

年　份	男单冠军	女单冠军
1990	艾德伯格	纳芙娜蒂诺娃
1991	斯特斯	格拉芙
1992	阿加西	格拉芙
1993	桑普拉斯	格拉芙
1994	桑普拉斯	玛汀内斯
1995	桑普拉斯	格拉芙

年　份	男单冠军	女单冠军
1996	克拉杰塞克	格拉芙
1997	桑普拉斯	辛吉斯
1998	桑普拉斯	诺沃特娜
1999	桑普拉斯	达文波特
2000	桑普拉斯	大威廉姆斯
2001	伊万尼塞维奇	大威廉姆斯
2002	休伊特	小威廉姆斯
2003	费德勒	小威廉姆斯
2004	费德勒	莎拉波娃
2005	费德勒	大威廉姆斯
2006	费德勒	毛瑞斯莫
2007	费德勒	大威廉姆斯
2008	纳达尔	大威廉姆斯
2009	费德勒	小威廉姆斯
2010	纳达尔	小威廉姆斯
2011	德约科维奇	科维托娃

表 6-3　美国网球公开赛冠军榜（1990～2010 年）

年　份	男单冠军	女单冠军
1990	桑普拉斯	萨巴蒂尼
1991	埃德博格	塞莱斯
1992	埃德博格	塞莱斯
1993	桑普拉斯	格拉芙
1994	阿加西	桑切斯
1995	桑普拉斯	格拉芙
1996	桑普拉斯	格拉芙
1997	拉夫特	辛吉斯
1998	拉夫特	达文波特
1999	阿加西	小威廉姆斯

第六章　网球运动概述

111

年　份	男单冠军	女单冠军
2000	萨芬	大威廉姆斯
2001	休伊特	大威廉姆斯
2002	桑普拉斯	小威廉姆斯
2003	罗迪克	海宁·哈德恩
2004	费德勒	库兹涅佐娃
2005	费德勒	克里斯特尔斯
2006	费德勒	莎拉波娃
2007	费德勒	库兹涅佐娃
2008	费德勒	小威廉姆斯
2009	德尔波特罗	克里斯特尔斯
2010	纳达尔	克里斯特尔斯

表 6-4　法国网球公开赛冠军榜（1990～2011 年）

年　份	男单冠军	女单冠军
1990	戈梅兹	塞莱斯
1991	库里埃	塞莱斯
1992	库里埃	塞莱斯
1993	布鲁格拉	格拉芙
1994	布鲁格拉	桑切斯
1995	穆斯特	格拉芙
1996	卡费尔尼科夫	格拉芙
1997	库尔滕	马约莉
1998	莫亚	桑切斯·维卡里奥
1999	阿加西	格拉芙
2000	库尔滕	皮尔斯
2001	库尔滕	卡普里亚蒂
2002	科斯塔	小威廉姆斯
2003	费德勒	海宁

年　份	男单冠军	女单冠军
2004	高迪奥	米斯金娜
2005	纳达尔	海宁
2006	纳达尔	海宁
2007	纳达尔	海宁
2008	纳达尔	伊万诺维奇
2009	费德勒	库兹涅佐娃
2010	纳达尔	斯齐亚沃尼
2011	纳达尔	李娜

表 6-5　澳大利亚网球公开赛冠军榜（1990～2011 年）

年　份	男单冠军	女单冠军
1990	伦德尔	格拉芙
1991	贝克尔	塞莱斯
1992	考瑞尔	塞莱斯
1993	考瑞尔	塞莱斯
1994	桑普拉斯	格拉芙
1995	阿加西	皮尔斯
1996	贝克尔	塞莱斯
1997	桑普拉斯	辛吉斯
1998	科达	辛吉斯
1999	卡费尔尼科夫	辛吉斯
2000	阿加西	达文波特
2001	阿加西	卡普里亚蒂
2002	约翰森	卡普里亚蒂
2003	阿加西	小威廉姆斯
2004	费德勒	海宁
2005	萨芬	小威廉姆斯
2006	费德勒	毛瑞斯莫
2007	费德勒	小威廉姆斯

年　份	男单冠军	女单冠军
2008	德约科维奇	莎拉波娃
2009	纳达尔	小威廉姆斯
2010	费德勒	小威廉姆斯
2011	德约科维奇	克里斯特尔斯

表 6-6　戴维斯杯冠亚军榜（1990～2010 年）

年　份	冠军	亚军
1990	美国	澳大利亚
1991	法国	美国
1992	美国	瑞士
1993	法国	澳大利亚
1994	瑞典	俄罗斯
1995	美国	俄罗斯
1996	法国	瑞典
1997	瑞典	美国
1998	瑞典	意大利
1999	澳大利亚	法国
2000	西班牙	澳大利亚
2001	法国	澳大利亚
2002	俄罗斯	法国
2003	澳大利亚	西班牙
2004	西班牙	美国
2005	克罗地亚	斯洛伐克
2006	俄罗斯	阿根廷
2007	美国	俄罗斯
2008	西班牙	阿根廷
2009	西班牙	捷克
2010	塞尔维亚	法国

表 6-7　联合会杯冠亚军榜（1990～2010 年）

年　份	冠军	亚军
1990	美国	苏联
1991	西班牙	美国
1992	德国	西班牙
1993	西班牙	澳大利亚
1994	西班牙	美国
1995	西班牙	美国
1996	美国	西班牙
1997	法国	荷兰
1998	西班牙	瑞士
1999	美国	俄罗斯
2000	美国	西班牙
2001	比利时	俄罗斯
2002	斯洛伐克	西班牙
2003	法国	美国
2004	俄罗斯	法国
2005	俄罗斯	法国
2006	意大利	比利时
2007	俄罗斯	意大利
2008	俄罗斯	西班牙
2009	意大利	美国
2010	意大利	美国

第三节　我国网球运动的发展概况

　　网球运动是 19 世纪末由外国传教士、商人作为娱乐活动传入我国的。最初，在上海、广州、北京等城市教会中出现了网球活动，后来在教会学校中也开展起来。当时参与网球运动的仅限于上流社会人士和少数学校师生。在 1910 年的旧中国第一届全运会上就设立了男子网球比赛项目。从 1924 年第三届全运会起，又增加了女子网球比赛项目，但没有选手报名参赛。直到 1930

年第四届全运会，才有女选手正式报名参加网球比赛。从 1915 年的第二届远东运动会起，中国网球运动员就开始参与了国际网球比赛。1924～1946 年，中国选手参加了 6 届戴维斯杯网球赛。1924 年，我国著名的网球选手邱飞海还参加了英国的温布尔登网球赛，并打进了第二轮的比赛。后来我国侨居印度尼西亚的著名选手许承基在温布尔登网球赛中过关斩将取得了打入第四轮的好成绩。1938 年，许承基以第 8 号种子选手的身份参加英国硬地网球锦标赛获得男子单打冠军，并于 1939 年再次卫冕。以林宝华和邱飞海为主力的中国队还获得了第八届远东运动会男子网球团体赛冠军。

新中国成立后，我国的网球运动在党和政府的关心下得到了极大的发展。1953 年成立了中国网球协会，由吕正操担任主席，并于同年在天津首次举行了全国网球比赛。从 1956 年开始我国网球队加强了与国际的交往，先后出访了许多国家和地区，并积极组队参加各种国际比赛，取得了较好的成绩。1959 年我国上海的优秀网球选手朱振华和梅福基在波兰索波特国际网球赛中为新中国首次赢得了国际网球赛男子双打冠军。1965 年我国上海运动员戚凤娣和徐润珍分别夺得索波特国际网球赛女子单打冠军和亚军。

此后，由于"十年动乱"我国的网球运动同其他体育项目一样受到了很大的冲击，网球运动水平停滞不前，甚至倒退，与国际网坛也几乎断绝了交往。

1978 年后，我国的网球运动又逐渐恢复了生机，1980 年我国网球协会被国际网球联合会接纳为正式成员。1980 年我国女子网球运动员余丽桥在东京女子网球公开赛上获得单打冠军；1981 年 1 月我国的优秀少年选手李心意和胡娜获得美国白宫杯少年网球锦标赛女子双打冠军；1983 年我国男子网球队在吉隆坡夺得了亚洲最高水平的男子团体赛桂冠——加法尔杯；1986 年我国女子网球队夺得了第十届亚运会网球团体赛冠军；我国的优秀选手潘兵在第十一届亚运会和第十二届亚运会上蝉联男子单打冠军；1995 年 1 月，李芳进入世界女子排名前 50 强，继而又前进至世界排名第 37 位；在 2000 年第 21 届世界大学生运动会上我国的李芳和李娜夺得女子双打冠军，李娜夺得女子单打冠军，朱本强、李娜获得混双金牌。特别是近几年来，以李娜、郑洁、晏紫、孙甜甜、李婷、彭帅等为代表的中国女子网球运动员，在国际网坛屡创佳绩，李婷、孙甜甜在 2004 年奥运会获得女双冠军后，郑洁、晏紫在 2006 年捧得澳网、温网两座大满贯女双冠军奖杯，中国女子网球队并于 2006 年首次跻身联合会杯世界一组。2010 年郑洁进入澳网女单四强，2011 年李娜获澳网女单亚军，WTA 排名达到第六。2011 年李娜获法网女单冠军。

我国还承办了一系列国际网球比赛，如著名的上海喜力国际网球公开赛。

2002 年还举办了国际网球大师赛，也就是从这年起每年举办的上海国际网球大师杯总决赛，全世界的顶级网坛高手云集中国，为我国网球爱好者上演了十分精彩的比赛。

现在，国内的各种网球比赛越来越多，水平也越来越高，比赛争夺也越来越激烈。网球作为一项群众性的体育运动项目在我国也深受人们的喜爱。各种网球协会、网球俱乐部、网球学校如雨后春笋般涌现。如今，戴着网球帽，穿上网球裙，背起网球拍，潇洒网球场，观摩大师赛似乎成了现代人的一种时尚。

对中国网球来说，有影响力的大事见表 6-8。

表 6-8　中国网球大事一览表

时　间	中国网球大事
1860 年	英法联军在天津紫竹林修建练兵场，附带网球场
19 世纪末 20 世纪初	以上海圣·约翰大学为首的 14 所教会学校率先举办网球活动
1953 年	在天津举办的全国四项球类运动会上，网球成为正式比赛项目
1955 年	中国派遣代表队参加英国温布尔登网球锦标赛
1971 年	"文化大革命"尚未结束，一些地方体工队悄悄组建网球队
20 世纪 90 年代 中后期	中国开始有计划地向国外输送优秀的女子单打运动员参赛
2003 年	优秀的中国球员正式注册为职业球员，开始巡回赛
2004 年	孙胜男与中国台北的詹咏然配对，夺得澳大利亚网球公开赛青年组女子双打冠军，成为中国历史上第一个大满贯冠军 李婷、孙甜甜获得奥运会女双冠军，是中国网球在奥运会上获得的第一块金牌
2005 年	彭帅在阿库拉精英赛中闯入四强，成为第一个进入 WTA 一级赛的单打四强选手
2006 年	郑洁、晏紫在澳网、温网女双比赛中夺得冠军，创造中国选手在四大满贯赛中的最佳成绩
2010 年	郑洁在澳网女单比赛中进入四强
2011 年	李娜在澳网女单比赛中获得亚军，WTA 排名第六；李娜获得法网女单冠军。

第四节　现代网球运动的发展趋势

一、网球运动越来越普及化

(一) 普及面广

现代网球运动自 1877 年的第一届温布尔登锦标赛开始，至今已有 100 多年的历史。一直以来网球运动都以其独特的魅力吸引着越来越多的参加者。尽管这项运动对场地、器材要求较高，但人们对它的热情和偏爱从来未减。欧美强国的网球人口就不用说了。从我们亚洲的发展就可看出人们对网球运动的热情。自从美籍华人张德培 16 岁在法国问鼎，就深深地影响着亚洲几代网球人。近年来，亚洲的网球运动竞技水平和普及程度得到较大的提高。在亚洲虽然有泰国的斯里恰潘、日本的杉山爱，但亚洲的整体水平与世界强国还有很大的差距，可是这并不影响人们对网球的热爱，仅中国而言，网球运动的普及面越来越广，网球人口越来越多，每年各种专业和业余的网球比赛数不胜数。如上海成功地举办了"大师杯"年终总决赛，标志着中国具有举办国际重大的网球赛事的能力和条件，这也标志着中国网球运动正逐步步入国际化，中国的网球运动进入了一个飞速发展的良好时机。

(二) 观赏性强

网球比赛分为三种类型的场地，有慢速场地（沙泥地、红土地）、有中速场地（草场地）和快速场地（沥青、混凝土涂塑硬场地）。各种类型的场地球速不同，球的弹性也不同，因此技术打法和战术运用也各不相同，有大力发球的上网打法，有稳固快速的底线打法，有快速多变的全面打法等，使比赛具有很强的观赏性。另外，每年的四大公开赛（澳大利亚网球公开赛、法国网球公开赛、美国网球公开赛、温布尔登网球公开赛），参赛的都必须是世界排名靠前的运动员，因此，比赛对抗性强，竞争激烈，打法和战术都代表着世界最高水平，由于比赛的场面壮观，赛事扣人心弦，吸引着全世界数十亿爱好者观看比赛，并且把它作为一次网球的大盛典和节日来进行狂欢。

(三) 组织机构完善

1912 年 3 月 1 日在巴黎成立了"国际网球联合会"，当时只有 12 个国家的网协代表参加，现在该会发展为 191 个会员国和 70 多个非正式会员国。目前它主要负责组织最高层次的"四大网球公开赛"和戴维斯杯及联合会杯团体赛。1972 年，由 60 名男子职业网球选手组建了国际男子职业网球协会（ATP），同时规定参加该会的会员必须是名列世界前 200 名的网球运动员，该会成立的目的是维护职业网球运动员的利益，为他们提供比赛的机会和高额奖金，并发行《国际网球周刊》。1973 年又组建了国际女子职业网球协会。每年国际网球职业协会在世界各地要组织百余站的 ATP 和 WTA 的巡回赛，并每年出版发行 52 期的《世界网球排名表》。排名表是每周公布一次男子名次，每两周公布一次女子名次。《世界网球排名表》能有效地促进世界优秀选手参加各种级别的网球比赛，从而保证了这些国际比赛的高水平和对观众的吸引力。

二、现代网球运动正步入全盛时代

(一) 比赛的高额奖金，刺激网球运动的发展

网球运动除了自身特有的魅力吸引着人们的关注外，各种大赛所设立的巨额奖金，则是人们热衷于网球运动不可忽视的重要因素。每年国际网坛的各种赛事不断，特别是一些重大比赛，奖金高，同时要求在世界排名表上名次靠前的运动员才能参加，这样可以让世界上的顶尖运动员一年中不断地参赛，去获得积分，使他们的排名上升，并能获取比赛奖金以外的巨额广告签约。曾有人做过统计，一位著名球星的年收入比美国总统或大公司总裁的年薪还多。例如澳大利亚运动员休伊特在 2002 年一年内从网球比赛获取的奖金就达 460 多万美金；德国著名网球运动员贝克尔仅仅与彪马公司签订了一项 6 年的广告合同，就获得 2000 多万美元。这种数额惊人的奖金和球星们的庞大收入，自然会吸引更多人的关注，参加者也越来越多，比赛争夺越来越激烈，从而推动了网球训练的变革和技术水平的提高。

(二) 世界网坛群星璀璨

1. 当今网坛一人独霸天下的局面被打破

现代网球运动在 100 多年的发展进程中，经历了无数风雨，网坛也英才辈出。现代网球运动发展初期，由于技术发展较慢，组织机构还不完善，赛事较少，因此，网球运动的整体水平发展缓慢。进入 20 世纪，由于商业财团的介入，比赛的商业化、职业化刺激网球运动高速发展。20 世纪初期，运动员谁先掌握了先进的技术谁就雄踞网坛、独霸天下。例如，美国的劳埃德于 1974 年以"深、快、准"的底线抽杀和双手反拍击球的绝技，一举夺得温布尔登、法国和意大利公开赛三项桂冠，并以一年连赢 50 场比赛的成绩，一举登上世界"网球皇后"的宝座，并雄踞宝座达 7 年之久。许多耀眼的明星，如博格、麦肯罗、康诺利、拉芙纳蒂洛娃、伦德尔、桑普拉斯代表了世界网球运动发展的一个时代，在现代网球史上闪耀着灿烂的光芒。进入 20 世纪 90 年代，世界网坛的竞技场上出现了一种新趋势，并形成了一种新格局，即随着网球运动的普及、训练水平的提高，新秀在不断地崛起，一个个网球明星的升腾，使一人长期称雄网坛霸主地位的格局被突破，形成了群星灿烂的

局面。

2. 更多的青少年选手跨入世界领先行列

由于网球运动的普及，训练方法、手段更规范、更科学，加之欧美高水平网球学校提供了早期化训练的场所，当今网坛青少年运动员在世界大赛中夺标也屡见不鲜。如：张德培 16 岁就在罗兰·加罗斯摘牌，休伊特 18 岁就排名世界第一，卡普里亚蒂 14 岁就在网坛夺标，美少女辛吉斯 15 岁更是称霸网坛。

3. 网球不发达国家正迎头赶上

以前人们谈到网球运动，就是指美国、法国、澳大利亚、英国、西班牙等强国。随着当今科学技术的发展，加之传媒的介入，对网球运动不发达国家和地区产生了深远的影响，使不发达国家和地区正迎头赶上。如俄罗斯选手莎拉波娃、萨芬，塞尔维亚选手德约科维奇，克罗地亚选手西里奇，塞浦路斯选手巴戈达蒂斯，阿根廷选手德尔波特罗等人的出现就深深地震撼了世界网坛。

三、网球技术打法朝着全面、力量、进攻型发展

现代网球比赛的赛事繁多，各种比赛场地的地面也不同，有硬地球场、泥沙球场、草地球场等，要想获得比赛的胜利，必须要有全面的技术和较强的进攻能力。因为，比赛场地的多样化，对运动员的技术要求截然不同。运动员要想在不同类型的场地上取得优异成绩，就必须要掌握全面的技术。

网球运动技术打法主要有进攻型打法和防守型打法。通过一百多年的发展，现代网球运动训练水平不断提高，网球打法的速度越来越快，力量越来越大。要想在比赛中处于不败之地，必须进攻才能得分，而进攻的致命弱点就是非受迫性失误。为了减少失误就必须要求技术全面而稳定。

由于进攻型网球技术的发展，网球比赛变得更为激烈。目前，网球各种打法趋向于技术全面，特长突出；发球力量大、速度快、落点刁，且旋转多变；正反手技术日趋平衡，加力上旋抽击被普遍采用；技术发展更要求既有好的底线技术又具备上网截击得分的能力；既有强有力的高压球技术又具备准确的破网技术。总之，当今网球运动正朝着技术全面的进攻型打法方向发展。新材料、新结构的球拍不断涌现，人的思维不断进步，网球场上的竞争必将愈来愈精彩。

>>> 练习与思考

1. "大满贯"网球赛是指哪几项赛事？
2. 简述近几年中国女子网球在国际网球比赛中取得了哪些较好成绩？
3. 简述现代网球的发展趋势。

第七章　网球基本理论知识

本章要点

> 　　本章共五节，介绍了网球击球动作的结构、拍面角度和击球部位、击球点、网球比赛的三个基本要素、网球的旋转等基本理论知识。
>
> 　　网球运动技术是网球技术动作的总称，评定网球技术动作的标准是实效性和经济性，二者之间也有着密切的关系。
>
> 　　击球技术是网球运动的主要技术，所谓实效性指完成动作时能够发挥出最大能力，获得最佳效果；经济性是指完成动作时能够合理地运用体力，既获得最佳效果，又节省身体能量。合理的运动技术不论在动作形式上、内容上，都应当符合运动生物力学、人体解剖学以及运动生理学等方面的要求。

第一节　击球动作的结构

　　网球击球的技术动作多种多样，击球动作一般是由后引球拍、向前挥拍、球拍触球和随势挥拍四部分组成。

一、后引球拍

　　指把球拍拉向身后，为击球做准备。这个动作除握拍手需要用力外，身体其他部分应保持放松，使肌肉不过于紧张，特别是肩部。从自然放松状态转向集中全力于球拍触球的一瞬间，这种发力方法所获得的击球效果最佳，这和使鞭的动作极相似。要注意球拍不能拉得太靠后，应伴随身体扭转的动作将球拍后引。现代网球技术以争取速度为主，若球拍向后摆动过大，势必会影响挥拍击球的速度。后摆的大小应根据击球的需要来掌握。

二、向前挥拍

　　指把引向身后的球拍，从身后向前挥动迎击来球，要有相当大的臂力和握力。

三、球拍触球

指球拍击中来球的一瞬间，这动作也需要一定的臂力和握力。为了克服来球的撞击力，应牢牢固定球拍面，这时如果球拍的角度稍有变化，击球拍面晃动，就会产生较大的误差。初学者由于击球瞬间球拍握得不牢，经常会出现击球不稳或出界现象，应引起重视。对于还击的球是指具有还击的性质，也是在向前挥拍与触球这段过程中形成的。球拍从下向上挥动回击过去的球具有上旋的性质，从上向下挥动回击过去的球具有下旋的性质。向侧上挥动具有侧上旋性质，向侧下挥动击球具有侧下旋性质。球拍触球时拍面所朝方向决定击球路线，拍面角度决定触球部位，并且直接影响动作的准确性。这一环节是决定击球方向和落点的关键。

四、随势挥拍

指球拍击球后有一段随势前挥的动作。这一动作的完成有利于增大击球的力量和球的深度，并在击球的结束阶段保证击球动作的准确性和协调性。

第二节　拍面角度和击球部位

拍面角度是指击球时拍面与地面所形成的角度。击球部位是指击球时球拍接触球的位置。球的后半部分是球拍与球撞击的有效部分，一般把球的后半部分分为上、中、下和左、中、右。那么后半部的凸面上可分为九个部位，也就是左上、中上、右上、左中、正中、右中、左下、中下、右下。击球时如果注意击球部位的合理性，对掌握好拍面角度和调整好拍面方向是有用的。

拍面垂直：是指拍面与地面角度为90°，击球部位为中部。

拍面前倾：指拍面与地面角度小于90°，击球部位为中上部偏上部位。

拍面稍前倾：指拍面与地面接近并小于90°，击球部位是中上部偏中部位。

拍面后仰：指拍面与地面角度大于90°，击球部位为中下部偏下部位。

拍面稍后仰：是指拍面与地面的角度大于并接近90°，击球部位为中下部偏中部位。

拍面向上：指拍面与地面角度接近180°，击球部位为下部偏底部。

拍面向下：指拍面与地面角度接近平行，击球部位为上部偏顶部的位置。

第三节　击球点

击球点是指击球时球拍与球碰撞瞬间在空中接触的那一点，是对击球者本人所处的相对位置而言的。

　　击球点包括三个因素：一是指击球时球处于击球人的前后位置；二是指击球时球处于击球人身体一侧的左右距离；三是指击球时球处于离地面的高低位置。选好击球点对正确掌握各种击球动作至关重要。一般认为最重要的因素是击球时离身体的前后距离，因为击球点离身体过远，则击球无力，动作过于勉强；击球点在身后则会形成球撞击球拍，而不是球拍主动迎击球的被动局面；击球点在身旁的合理位置，则易于发力。所谓合理位置是指当身体侧向来球，两脚前后站立时，击球点的前后位置应保持在前脚附近。击球点的另一个重要因素是指击球时球与身体的左右距离，次要因素则是击球点的高低位置。因为击球人在选好前后和左右适当距离后，则任何可以控制的高度，都应当能够合理还击。我们可以从正手抽击俯视图看清击球点距离身体前后和左右的距离，最佳的击球点其前后距离应保持在前脚附近，其左右距离应保持在距身体重心右侧 70～80 厘米，见图 7-1。

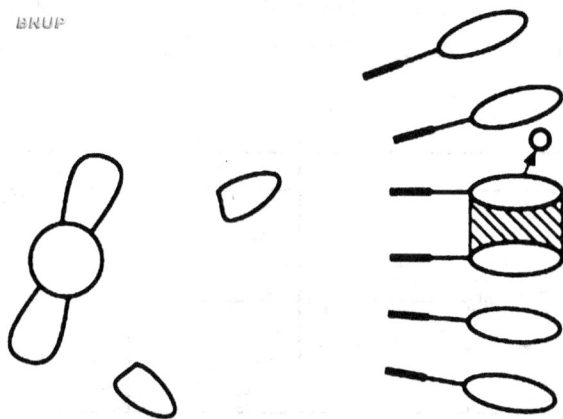

图 7-1　正手抽球俯视图

　　至于击球的理想高度，与每个人的打法有关，击球点以肩与膝之间为佳。削球以头与腰之间为佳，截击以肩与腰之间为佳，挑高球以腰与膝之间为佳。

第四节　网球比赛的三个基本要素

　　网球比赛的三个基本要素：深度、角度和速度。无论是在快速球场（草地和水泥地）还是在慢速球场（沙土场），也无论技术水平、打法风格如何，都应注意这三个基本要素。一般来说在快速球场上，要求挥拍幅度较小，采用上网战术较为有利。在慢速球场上，要求挥拍动作幅度大而慢，适宜采用底线打法和综合打法。在比赛中，关键问题是运动员能否把三个基本要素运用好。

一、深度

指网球运动员击球过网落在场内的球的落点距对方端线远近的程度。

距端线近称为打球深，距端线远称为打球浅。把球打深的意义在于，使自己有充分的时间还击来球，球飞行的时间长，容易争取时间做好下一次击球准备，是摆脱被动争取主动的有效办法；把球打深可以阻止对方上网截击，可以缩小对方回球的角度，回球角度小，一般移动三步左右即可还击。如果对方在中场击球回过来的球角度较大，一般需要5～7步才能还击。若对方在网前击球，需要移动8～11步才能还击，经常是难以还击。可见把球打深是有积极作用的，日常训练中给自己确定一个目标，就是不先于你的对手打出浅球，做到这一点就能培养把球打深的意识。

如果在平面上假设测定还击角度（图7-2），在网前中间还击角度为65°（左右各32.5°），在中场还击的角度为46°（左右各23°），而后场还击球的角度为30°（左右各15°），通过上述简单比较可明显看出，打深球对自己是充分有利的。

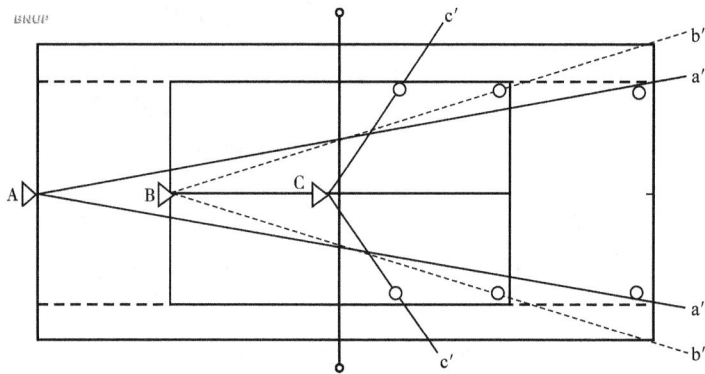

图 7-2　深度球能缩小对方回球角度图

二、角度

指角的大小。对于网球运动员来说，离接球人身体两侧越远的球的角度越大，越具有威胁性。打角度球的意义在于尽量调动对方，特别是能将对方拉出场外，使场上出现空当。打角度球也可以直接得分，特别是在破网技术中运用效果更佳；打角度球还可以减少自己回中心的跑动距离。故在训练中，可经常打角度球来提高破网技术，增强网球意识。

三、速度

指运动的物体在某一方向上单位时间内所经过的距离，它泛指快慢的程度。对网球运动来说，有技术方面的动作速度如拉拍早、摆速快、出击的球速快等，还有反应、判断、移动等方面的速度。速度快的运动员会得心应手的将球还击过去，在速度上取胜对手。使用截击球回球速度最快、威胁性也最大，抽击球时提高挥拍速度，以增大击球爆发力。另外，压低球的飞行弧线，缩短球在空中飞行的时间，也能使回击球的速度加快。加强专项素质的训练可提高反应、判断和移动速度。

应强调指出，比赛中三要素的结合应用，更能发挥击球威力，取得比赛主动权，从而占据比赛优势。

第五节　网球的旋转

打球时如果运动员挥拍击球时作用力线不通过球心，那么球就会带有旋转特性。

平击的球作用力线通过球心，打过去的球不带旋转。但打球时不可能绝对平击，或多或少的球总有一定旋转。旋转的球是沿着一定的旋转轴来转的，如果这个轴是横轴（左右轴），开始时球的上半部绕此轴向前旋转，即产生上旋。若开始时球的上半部绕此轴向后旋转，即产生下旋。如果这个球是竖轴（上下轴），开始时球的右半部绕此轴向右旋转，即产生右侧旋。若开始时球的右半部绕此轴向左旋转，即产生左侧旋。如果这个轴是矢状轴（前后轴），球按顺时针转动为顺旋，球按逆时针转动为逆旋。实际上，球完全的按横轴、竖轴、矢状

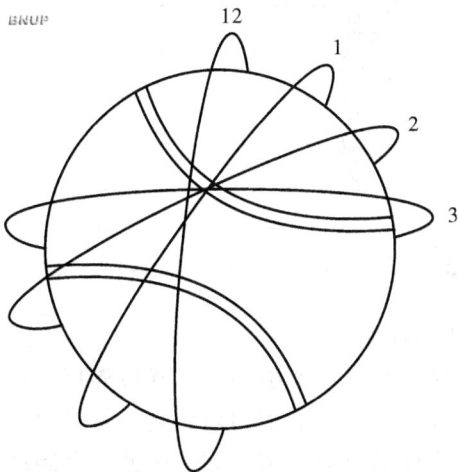

图 7-3　球的旋转类型

轴转动是少见的，多半带有侧上、侧下的性质。下面分别按上旋球、下旋球、侧上旋球、侧下旋球的特点简述于后，见图 7-3 球的旋转类型。

上旋球——球绕横轴沿 12 点向前旋转飞行的球

下旋球——球绕横轴沿 12 点向后旋转飞行的球

左侧旋球——球绕竖轴沿 3 点向左旋转飞行的球

右侧旋球——球绕竖轴沿 3 点向右旋转飞行的球

侧上旋球——球绕斜轴沿 1 点（或 2 点）向前旋转飞行的球

侧下旋球——球绕斜轴沿1点（或2点）向后旋转飞行的球

一、上旋球

上旋球是绕横轴（左右轴）向前旋转的，又称为抽球。在上旋球飞行期间，由于球受到重力和空气阻力的影响，其飞行弧线比不转球要陡一些，就是说下落速度比不转球要快，上旋越强则越能显示出来。当球落地反弹后，球有一定的前冲力。现在流行的正、反手拉上旋球，就是充分利用这个道理使球更具威力的。上旋球落地后，球仍带有极强的上旋性质，由于旋转球形成一定角度落到地面，球的底部受到向后反作用力的影响，因此增加了球的向前速度，即表现出更强的前冲力，这种力对于还击来球的对手来说，具有很大的威胁性。上旋球特性如图7-4所示。

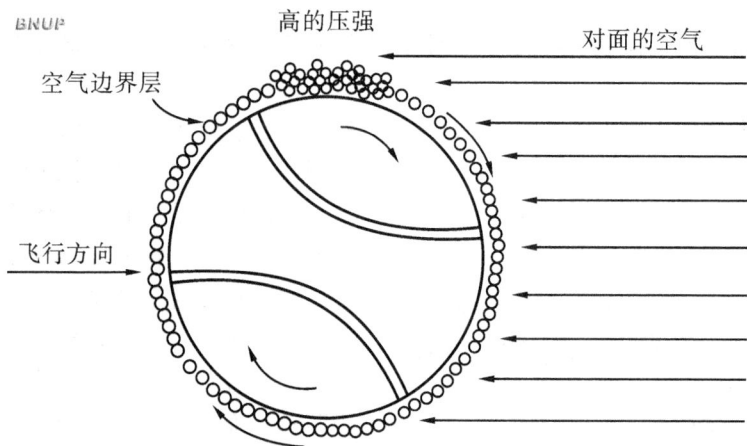

图 7-4　上旋球特性

当球旋转飞行时，球遇到对面的空气，形成一个小小的空气边界层，围绕着它旋转。上旋球飞行时，空气边界层沿着球的周围向前旋转，与对面的空气相互作用后，在球的上方产生一个比球的下方高的压强。因此，上旋球比不转球的运动弧线更陡一些，下落速度更快一些。上旋越强飞行速度越快，弧度越陡。球落地反弹后有一定的前冲力，上旋越强前冲力越大，威胁性也更大。上旋球击球弧度高，出界机会少，击球稳健性强。

二、下旋球

下旋球是绕横轴（左右轴）向后旋转的，也称之为削球。在下旋球飞行期间，由于球受到重力和空气阻力的影响，其飞行弧度比不转球要平直一些，就是下落速度比不转球要慢一些，好像球增加了一定的浮力，下旋越强则越能显示出来。当球落地反弹后，球的前冲力会减弱，反映出下旋球只向上弹跳，而向前弹跳不多。这一点与上旋球有较明显的差异，见图7-5。

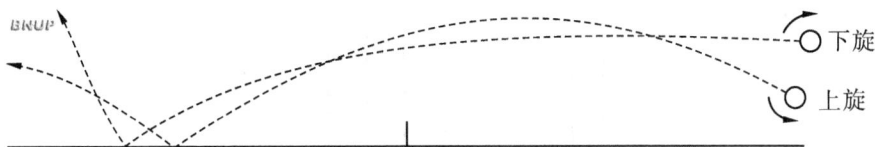

图 7-5　上旋球、下旋球飞行弧线和反弹示意图

　　下旋球飞行时，空气边界层沿着球的周围向后旋转，与对面的空气相互作用后，在球的下方产生一个比球的上方高的压强。因此，下旋球比不转球的飞行弧线要平直一些，下落速度要慢一些，下旋越强越能显示出这一特性。球落地反弹后，球的前冲力会减弱，反映出下旋球向上弹跳多，向前弹跳不多。下旋球对放短球和用截击方法还击大角度球是颇具威力的。

　　下旋球是用削击方法打出来的。当对手在底线时，用下旋球放出轻而浅、角度大的球是颇具威力的。用下旋球接发球可减弱对手来球的速度。另外，底线用反拍下旋球在防守上也有积极作用，它能在强大压力下控制住球，并将球送至底线深处。球速减慢有时也会打乱对手击球的节奏，下旋球特性如图7-6所示。

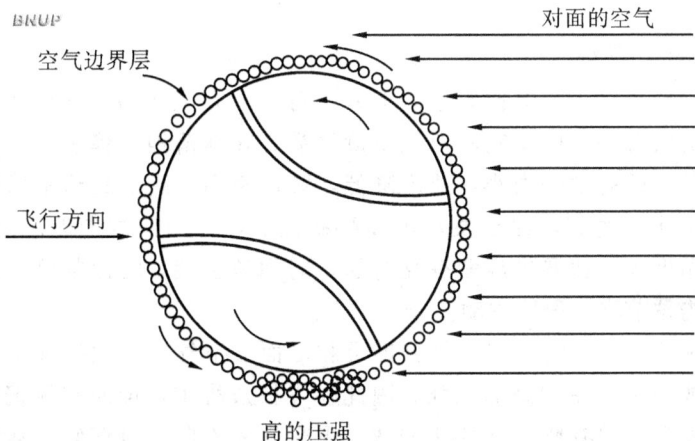

图 7-6　下旋球特性

三、侧上旋球

　　侧上旋球是绕一个斜轴向左前上方或右前上方旋转的。飞行期间的弧线略偏向左侧或右侧，由于它具有侧上旋性质，在球落地反弹后，有略向左前或右前的冲力。侧上旋球是球拍擦击球的侧面，同时附加向侧上用力而产生的。它用于发球，可以使接球员被拉出场外或直接得分，在网前使用也有较好效果，底线拉上旋球有时也可略带侧旋性，侧旋球特性如图7-7所示。

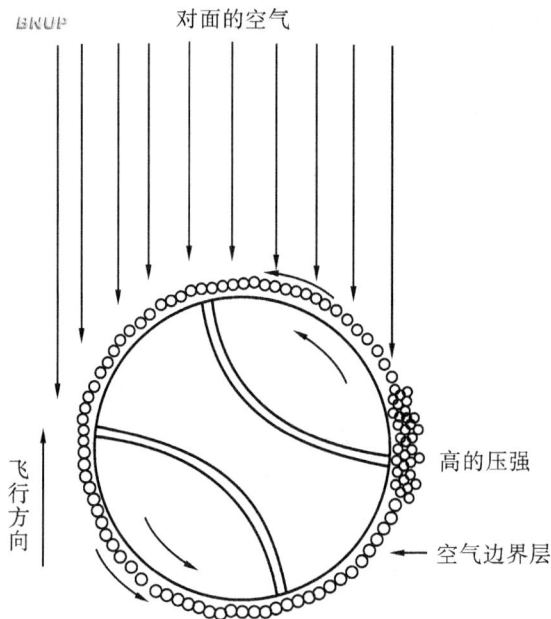

图 7-7　侧上旋球特性

四、侧下旋球

侧下旋球是绕一个斜轴向左后下方或右后下方旋转的。飞行期间的弧线略偏向左侧或右侧。由于它具有侧下旋性质，在球落地反弹后，有略向左上或右上弹跳，球的前进力小，速度降低，跳得略高。侧下旋球是球拍擦击球的侧下部位而产生的，由于发球可提高稳健性，在网前截击球用削击打法，可打出大角度球。比赛中经常变化打法，时而拉上旋，时而削侧下旋球，可改变对方击球节奏，争取主动。

当右侧旋球飞行时，在空气分界层和对面的空气之间发生冲撞，侧旋球的右侧形成一个比左侧高的压强，因此在飞行过程中，球向左侧偏斜。左侧旋转与此相反；带有侧上旋性质的球，飞行过程略向一侧偏斜，落地反弹后有偏向左前或右前的冲力；带有侧下旋性质的球，飞行过程略向一侧偏斜，落地反弹后有偏向左上或右上弹跳，球的前进力小，速度减慢，跳得较高。

>>> 练习与思考

1. 简述挥拍击球的完整技术。

2. 简述选择准确击球点对完成各种击球技术的重要性。

3. 简析网球比赛的三个基本要素。

第八章　网球的基本技术

本章要点

本章共十一节，介绍了基本握拍法、基本步法、正手抽击球、反手抽击球、截击球、放小球、挑高球、反弹球、高压球、发球及接发球等基本技术与练习方法。

第一节　基本握拍法

握拍法是网球技术中最基本的技术，它能直接影响球拍面接触球的角度。目前世界上流行的握拍法有两种：即东方式和西方式。在我国，两种不同的握拍方法都是值得提倡学习的，它们之间相互促进，推动网球技术不断发展。

一、握拍的重要性

握拍的方法与击球动作有着密切的关系，每个击球动作都是由手臂、手腕、手指相互配合用力来完成的，握拍的好坏对技术的提高和全面发展有较大的影响。作为初学者，必须按正确的方式握拍，使拍面以正确的部位和角度与球接触。

二、握拍的术语

握拍的术语是对握拍手的"虎口"所形成的"V"形而言的。但每个人的手不可能完全相同，单凭"V"形不一定可靠，所以可从以下三点来进行检查。一是手掌根：即小鱼际肌所在部位；二是食指下关节：即食指掌指关节腹面所在部位；三是手指垫：即拇指指间关节腹面所在部位。

三、握拍的种类及其方法

（一）东方式握拍法（分正拍和反拍）

东方式握拍法的由来：最先在美国的东海岸流行这种握拍方法，因而取名东方式。

1. 动作要领

（1）东方式正拍握拍法

左手先握住拍颈，使拍子与地面垂直，然后手掌也垂直于地面，手握拍柄好像与人握手。故亦称"握手式"握拍法。准确地说：用右手掌根与拍柄右上斜面贴紧，拇指垫握住拍柄的左垂直面，食指微离中指，食指下关节压住拍柄右垂直面。由此大拇指与食指成"V"形，对准拍柄的右上斜面和左上斜面的上端中间，见图8-1。

（2）东方式反拍握拍法

从正拍握拍法把手向左转动（即把拍子向右转动），使拇指与食指成"V"形，对准拍柄左上斜面与左垂直面的中间这条线。用手掌根压住拍柄的左上斜面，拇指贴在左垂直面上，食指下关节压在右上斜面上，见图8-2。

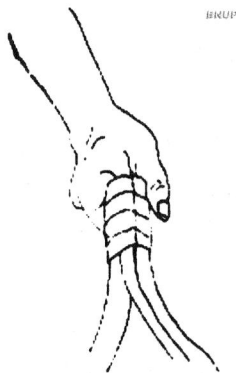

图 8-1　东方式正拍握拍法　　　　图 8-2　东方式反拍握拍法

2. 优点与不足

优点：手掌与拍柄接触面积大，容易发力，挥拍范围大，非常适宜底线正、反拍击球，同时对各种高度的来球及各种旋转球的打法具有广泛的适应性。

不足：反手击球时，握拍的稳定性相对较差，需要变换握拍方法。

（二）大陆式握拍法

大陆式握拍法的由来："产于"欧洲大陆，早期在英国草地网球赛中流行，因而得名，也称为"英国式"握拍法。

1. 动作要领

与东方式握拍法不同，大陆式握拍法在进行正、反拍击球时都无须变换握拍。握拍时用手掌根贴住拍柄上

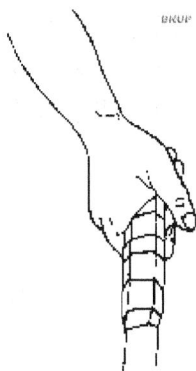

图 8-3　大陆式握拍法

部的平面，食指与其余三指稍微分开，食指上关节紧贴在右上斜面，拇指垫贴住拍柄的左垂直面上，由于其形状像握的锤子样，故又称"握锤式"握拍法，见图 8-3。

2. 优点和不足

优点：手腕的活动范围大，球拍顶部也能用上力；适合在发球、高压球、截击球及反手击球时使用；无论正反手都能以不变的握法进行击球。

不足：在打反弹球时，需要相当的腕力，力量不足的选手使用这种方法，很难打出好球；对于腰部以上的来球，不易控制拍面，故打高球不太方便。

（三）西方式握拍法（分正拍与反拍）

西方式握拍法的由来：过去曾在美国西部海岸加利福尼亚州一带流行，因而得名。

1. 动作要领

（1）西方式正拍握拍法

手掌心朝上，手掌的大部分放在拍柄的底部，手掌根贴在拍柄的右下斜面上，拇指压在拍柄的上部手面，食指的下关节握住拍柄的右下斜面。拇指与食指的"V"形对准握柄的右垂直面。握拍的形象好似"一把抓"，见图 8-4。

（2）西方式反拍握拍法

在西方式正拍握拍的基础上，把球拍上下颠倒过来，用同一拍面击球或手腕顺时针转，使拇指与食指的"V"形对准拍柄的左垂直面，食指下关节压直拍柄的上部手面，手掌根贴在左上斜面，见图 8-5。

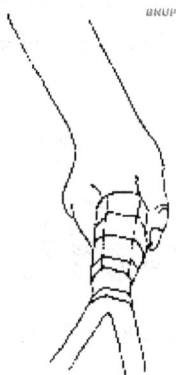

图 8-4　西方式正拍握拍法　　　图 8-5　西方式反拍握拍法

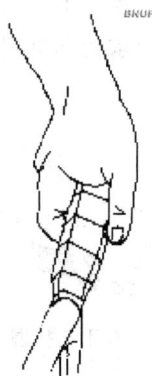

2. 优点与不足

优点：反拍握拍法有利于抽击出强有力的上旋球，特别适合打腰部及腰部以上的来球。

不足：由于握拍手在球拍柄的下方，所以对比较低的来球，正、反拍都比较难处理。

（四）其他握拍法

1. 混合式握拍法

即半西方式握拍法：它的正拍握拍介于东方式与西方式之间，拇指与食指的"V"形对准右上斜面。它的特点是便于抽击任何来球，目前被不少优秀选手所采用。

2. 双手反拍握拍法

它的动作要领是，右手是东方式反拍握

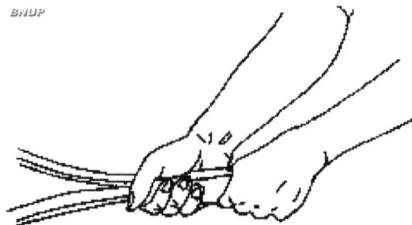

图 8-6　双手反拍握拍法

拍，握在球拍拍柄的底部，手掌根与拍柄对齐。左手握在右手上面，做东方式正拍握拍。该双手反拍握拍法的优点在于对于力量不足的运动员学反拍比较容易，同时这种握拍法易于对来球加上旋和进行发力，且动作的隐蔽性强，对方不易发现是击斜线还是击直线。缺点在于对步法要求精确，见图 8-6。

3. 双手正、反拍握拍法

即正拍击球时是双手握拍，反拍击球时也是双手握拍，它的动作要领是，准备动作与基本准备动作相似，以右手持拍者为例，即：右手为东方式混合式握拍，左手握在右手上方，当对方来球朝正拍来时，左手下滑，右手迅速与左手换位，形成类似左手持拍反拍击球动作，击完球后，还原至右手在后，左手在前的准备动作。反拍击球时，与双手反拍击球相同。正反拍双手击球的优点是：正、反拍击球没有明显弱点，都能给对方构成威胁，而且动作隐蔽，便于发力，但要求运动员判断准确，反应敏捷，步法移动快，见图 8-7、图 8-8。

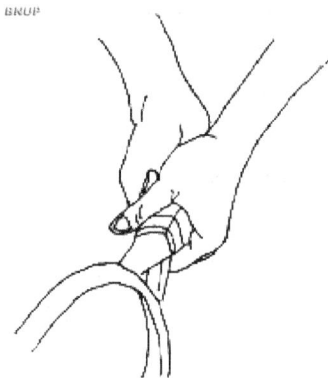

图 8-7　双手正拍握拍法　　　　　　　图 8-8　双手反拍握拍法

第二节　基本步法

欧美教练中盛行着这样的说法："当一个球员在技术上步入一个相对停滞

阶段的时候，这时候应当首先实现从技术训练向脚步训练的转移，而并非一味刻意去追求技术上的突破。"的确，正如其他运动项目一样，脚步在网球运动中同样起着至关重要的作用，拥有良好的步法是一个现代球员不可或缺的重要因素。很难想象如果没有良好的步法，已过而立之年的阿加西又怎能面对桑普拉斯制造出一个又一个跑动中看似根本不可能的穿越？不可否认，这也许得益于阿加西的天赋以及他带来的好运，但正是那上足了发条、永远不停奔跑的两条"小腿"，才真正让我们领略了网球速度的魅力。

快速灵活的步法一方面可以使运动员及时、准确地找到最佳击球点，提高回球的质量；另一方面还能救起许多对手认为是制胜的球，从而在技术上和心理上不断给对手增加压力。所以当今网球大师桑普拉斯也羡慕休伊特有小鹿一样的双腿。

同时步法的好坏与专项身体素质练习及技术水平都有一定的关系，因此在进行步法训练时，必须与专项身体素质练习及技术训练相结合。

一、底线型步法

底线进攻型打法分为反拍控制球然后正拍侧身攻、正反拍两面攻两种。

前者打法是以正拍进攻式侧身正拍进攻为其主要得分手段，反手位的球大多用提拉式削球来控制落点，以便寻找正拍的进攻机会，故站位和基本活动区域是在场地底线附近偏左的范围，见图8-9。

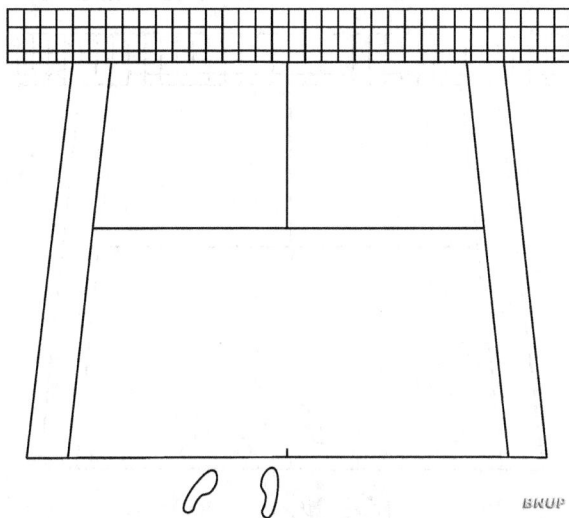

图 8-9　底线正拍近身击球步法（关闭式）

后者打法是以正反拍两面进攻为主要得分手段，反手位的球用反拍进攻，有时也结合侧身正拍进攻，故站位和基本活动范围是在底线附近中间偏左的范围，见图 8-10。

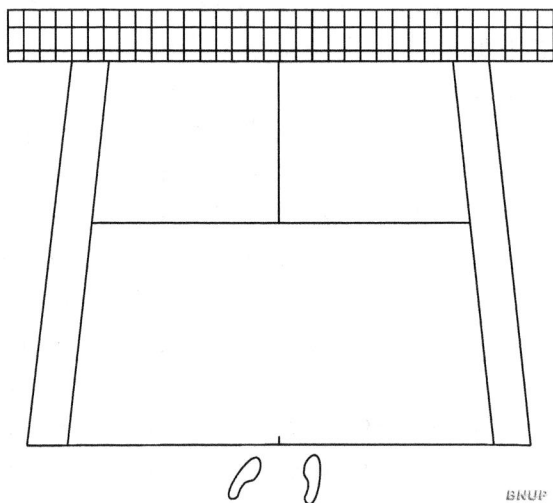

图 8-10　底线正拍近身击球步法（开放式）

这两种打法都是以底线进攻为主，所以基本步法的移动也有很多相同之处。现归纳其步法有：

（1）在来球角度不大的情况下，正反拍击球时大多采用"关闭式"，以前脚掌为轴，另一脚向前 45°跨出，以形成击球站位，见图 8-11

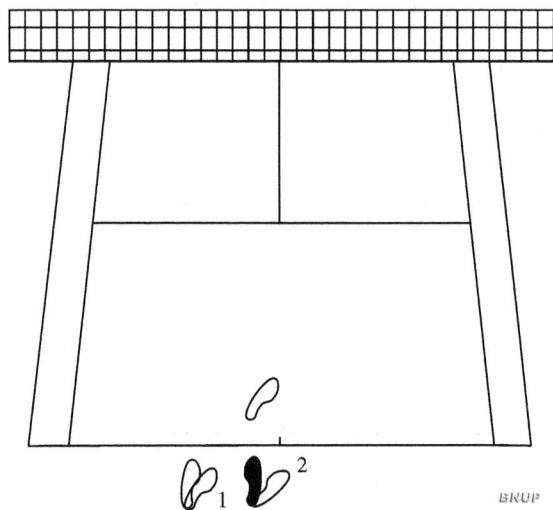

图 8-11　底线正拍跑动中击球步法（关闭式）

（2）在正拍击球时，还有一种步法称为"开放式"步法，见图 8-12，即两脚平行站立，以右脚掌为轴，转跨转体形成击球步法。

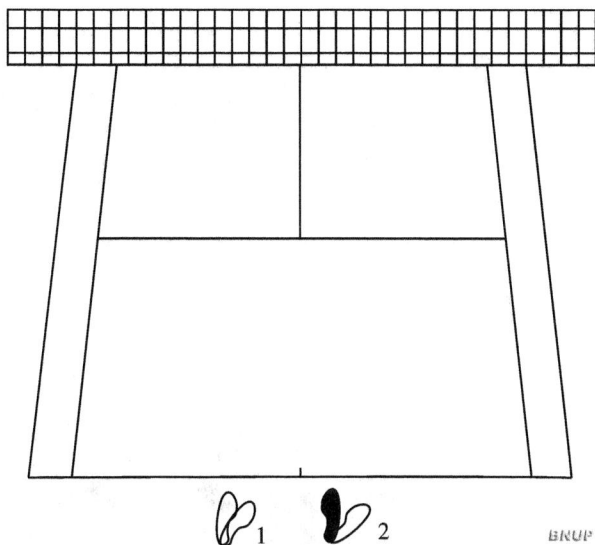

图 8-12　底线正拍跑动中击球步法（开放式）

（3）在来球速度快时，正、反拍的击球步法是向来球方向斜插跑动。正拍大角度击球步法分为"开放式"和"关闭式"，反拍击球的移动同正拍相同。见图 8-13、图 8-14、图 8-15。

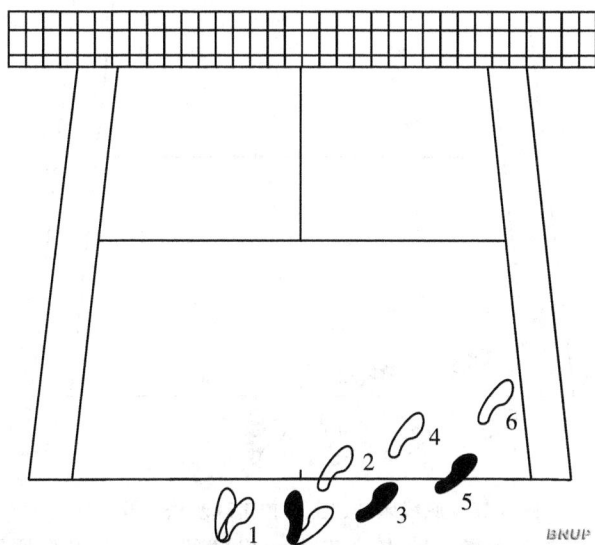

图 8-13　底线反拍跑动中击球步法

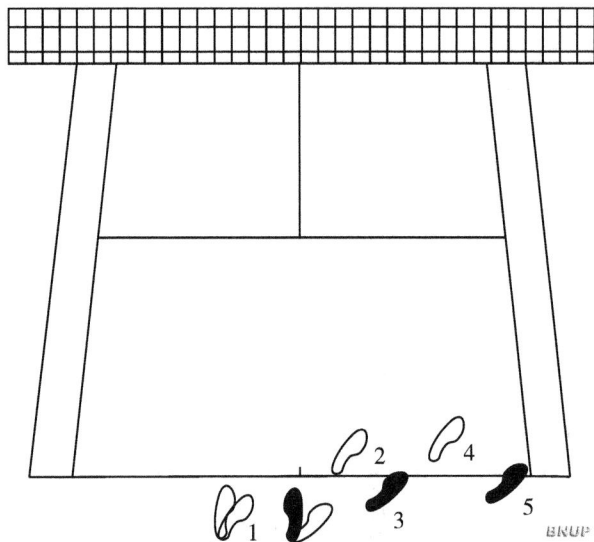

图 8-14　底线跑动迎上正拍击球步法（关闭式）

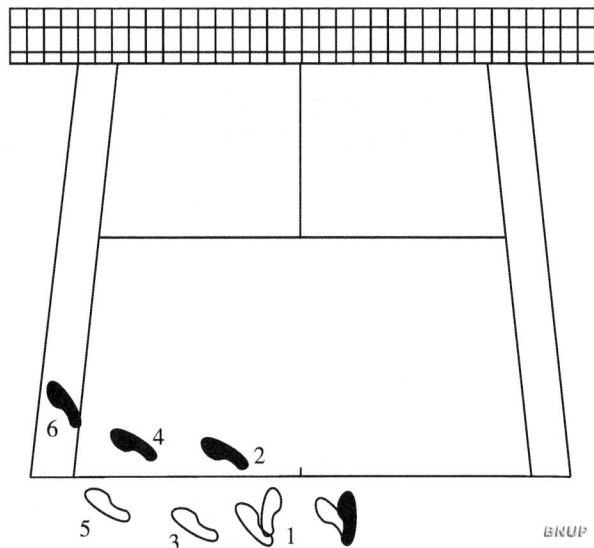

图 8-15　底线跑动迎上正拍击球步法（开放式）

（4）在来球速度较慢，落点位于中场发球线时，大多采用跑动迎上的击球步法，正拍为"开放式""关闭式"，反拍为"关闭式"，见图 8-16、图 8-17、图 8-18。

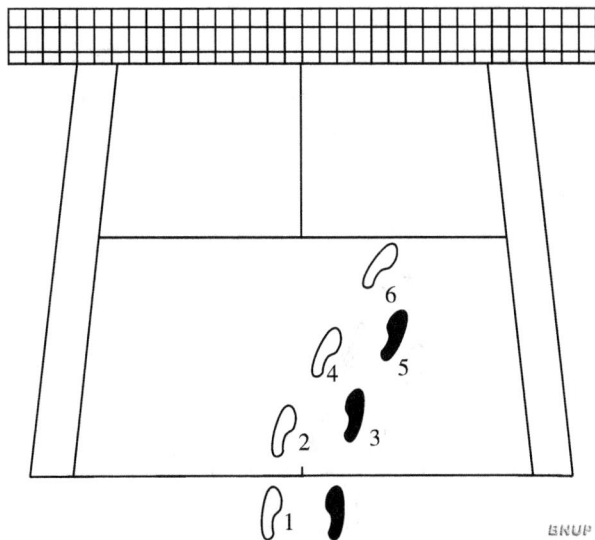

图 8-16　底线跑动迎上反拍击球步法

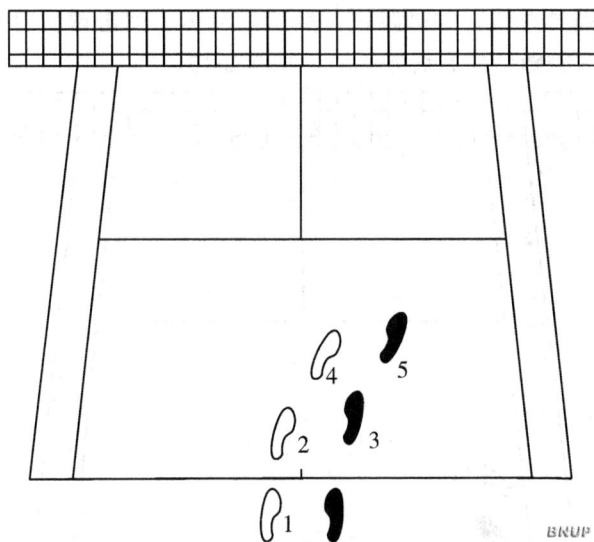

图 8-17　底线跑动迎上正拍击球步法（开放式）

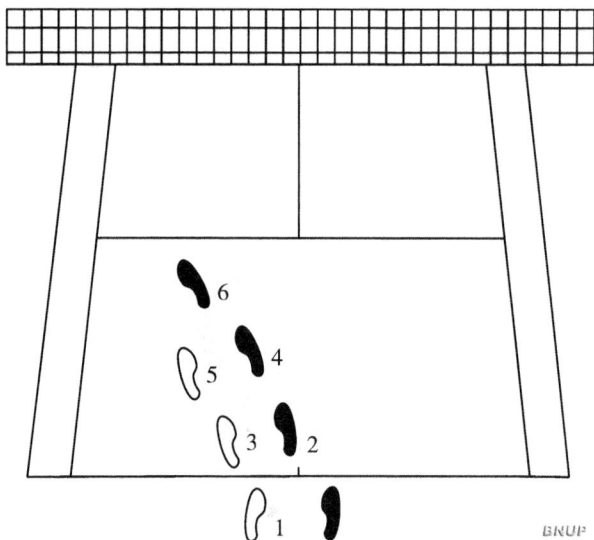

图 8-18　底线跑动迎上正拍击球步法（关闭式）

（5）在来球速度较慢，落点在反拍区时，正拍突出者大多采用正拍侧身攻，步法为左脚向左跨，右脚跟进，然后做滑步，到击球位时，左脚迅速向左上方跨出，右脚随即向右后方移动，见图 8-19。

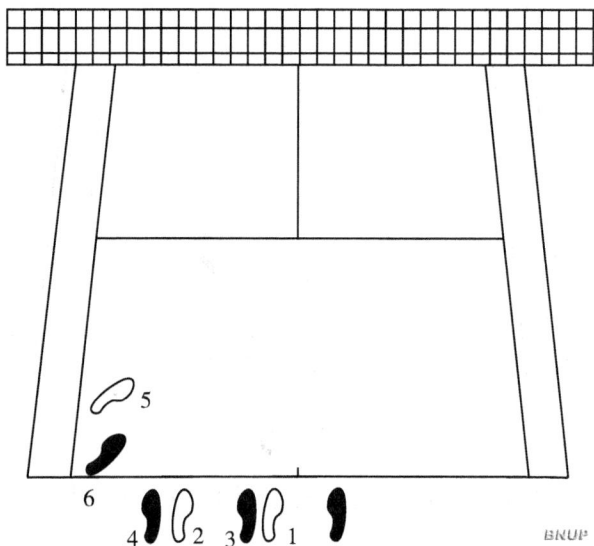

图 8-19　底线正拍侧身攻步法

（6）当对方来球速度快、落点深时，正反拍击球一般采用先后退再迎上的步法，见图 8-20。

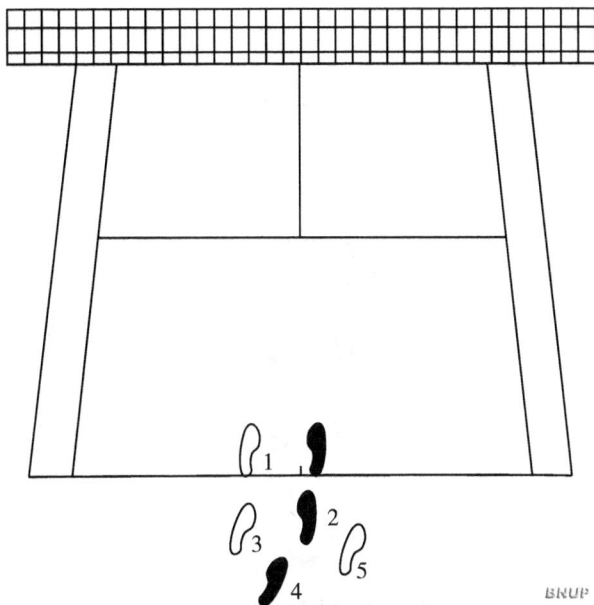

图 8-20　底线正拍后退击球步法

二、网前进攻型步法

可分为发球上网和随球上网两种步法，网前有中场截击、近网截击和高压球步法。

发球上网是通过发球为上网创造条件。发球后迅速朝网前冲击，在发球线附近急停，进行中场截击，然后再朝网前贴近进行封角度并做近网截击或高压。随球上网是在对方来球出现在发球线附近，进攻者利用正、反拍随击球上网，然后在网前进行截击或高压。由于发球上网和随球上网都同于网前进攻打法，所以二者的进攻活动范围都在发球线附近和网前，二者的网前步法也基本类似。

发球上网，随球上网及中场、近网、高压的步法有下列几种：

（1）发球上网有单脚起跳和双脚起跳两种起步方式：第一种是发球时左脚支撑并向前上蹬起，右脚随发球跳进场地；第二种是发球时左右脚同时支撑并向前、向上蹬起，随发球左脚先蹬跳进场地，冲至中场发球线附近做一急停以判断来球。见图 8-21、图 8-22。

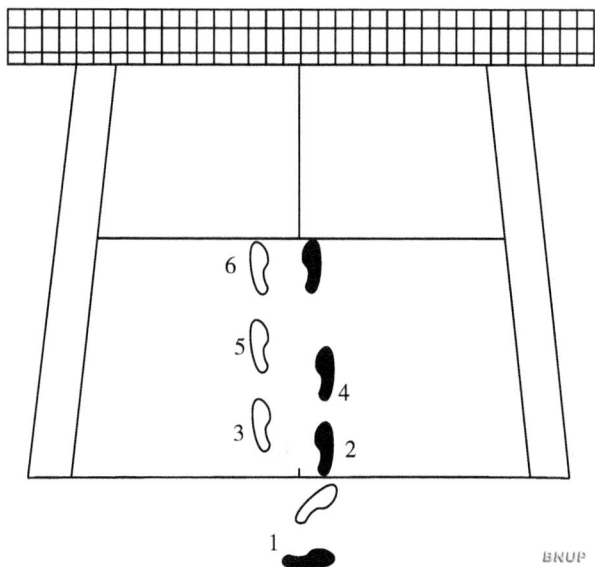

图 8-21　发球上网步法一（右脚）

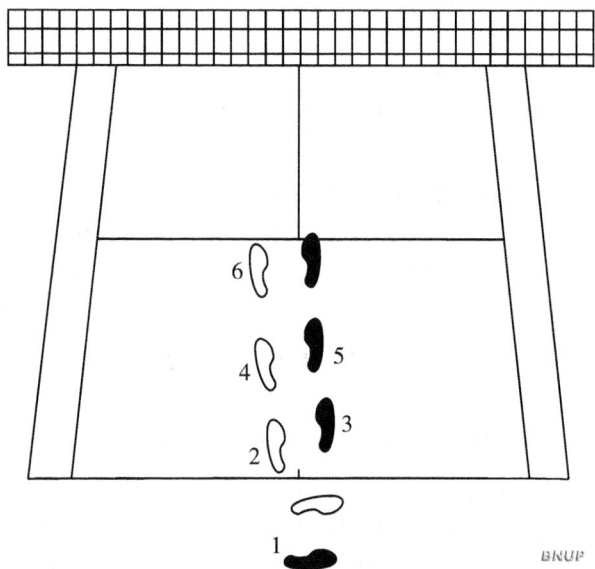

图 8-22　发球上网步法二（左脚）

（2）随球上网的步法正拍可使用"开放式"或"关闭式"步法，反拍采用"关闭式"步法，类似中场迎上击球步法。

（3）截击来球角度不大的中场球所用的步法。见图 8-23、图 8-24。

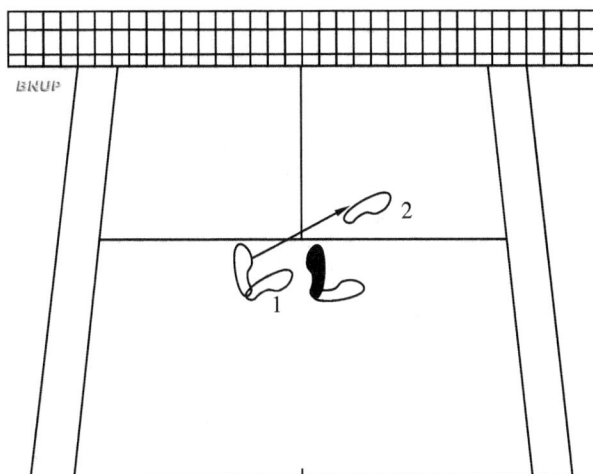

图 8-23　中场正拍截击一步步法

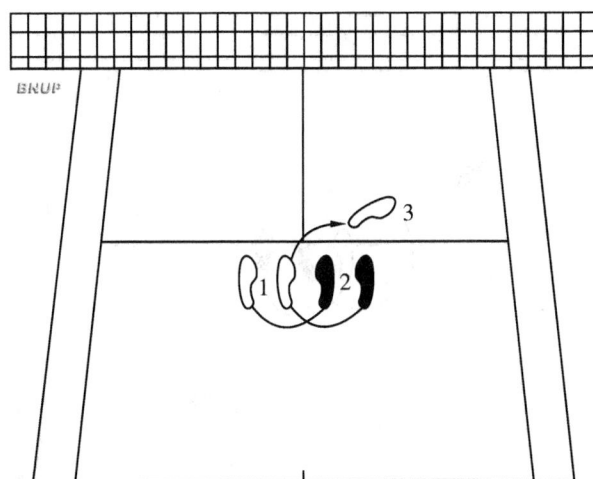

图 8-24　中场扑击正拍截击步法

（4）截击左右角度较大的中场球所用的步法，见图 8-25、图 8-26。

图 8-25　中场反拍截击一步步法

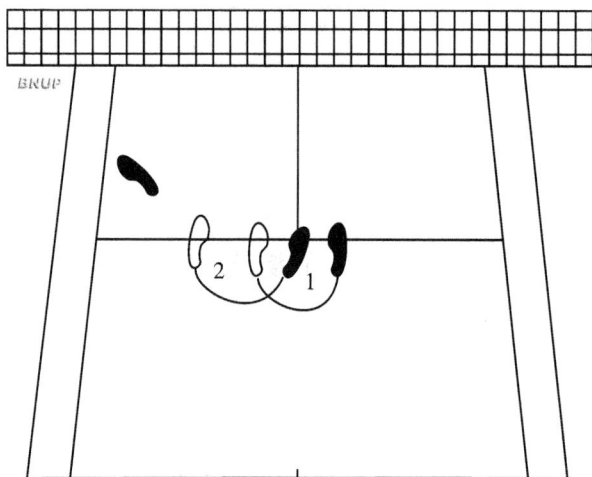

图 8-26　中场扑击反拍截击步法（注意先跳跃一步）

（5）在近网截击角度不大的来球所用步法，见图 8-27、图 8-28。

图 8-27　近网正拍截击一步步法

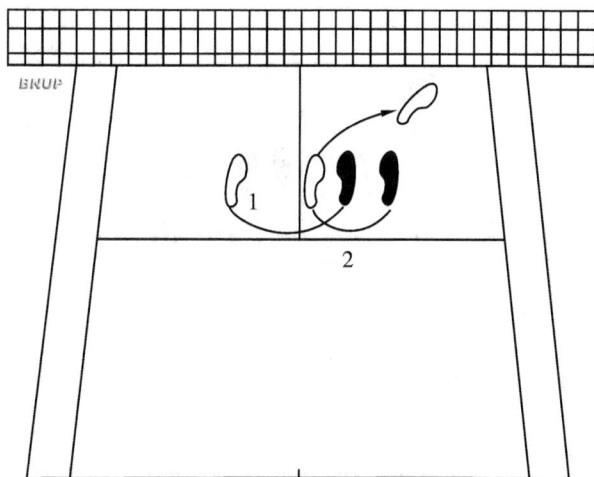

图 8-28　近网正拍扑击步法（注意先跳跃一步）

（6）在近网截击角度较大的来球所用的步法，见图 8-29、图 8-30。

图 8-29　近网反拍截击一步步法

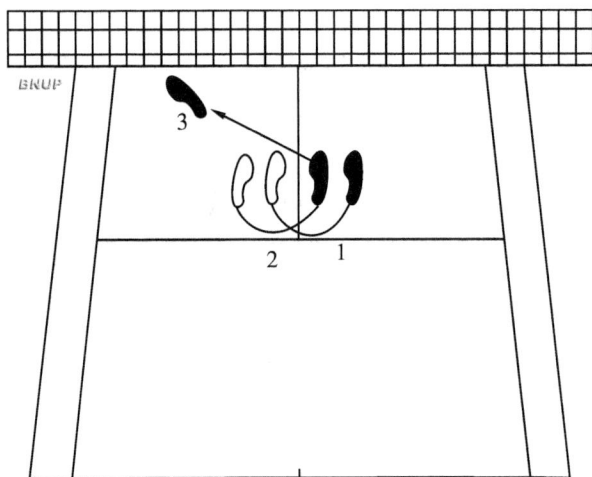

图 8-30　近网反拍扑击球步法（注意先跳跃一步）

（7）在网前截击近身球步法，见图 8-31、图 8-32、图 8-33、图 8-34。

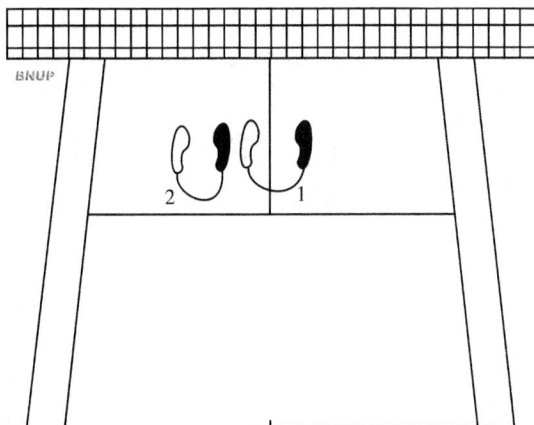

图 8-31　近网正拍截击近身球步法一

图 8-32　近网正拍截击近身球步法二

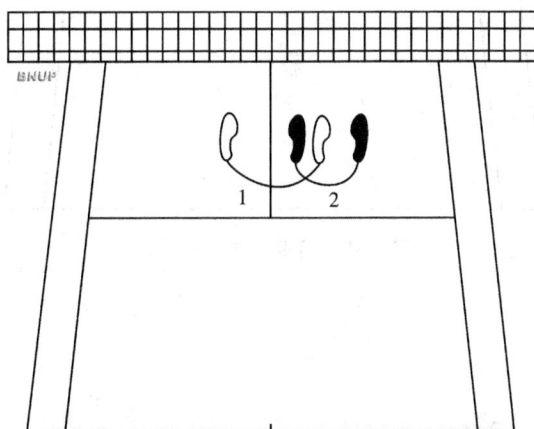

图 8-33　近网反拍截击近身球步法一

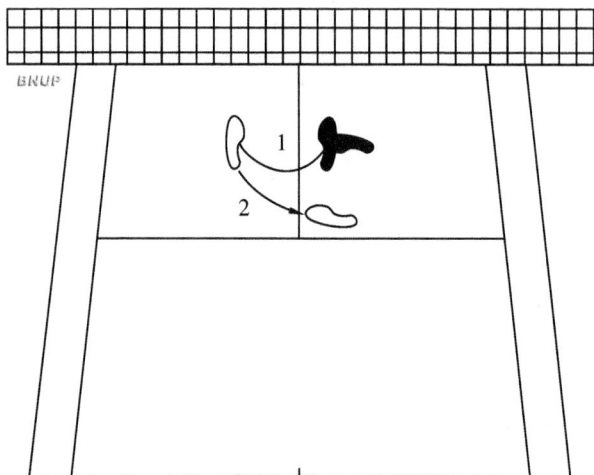

图 8-34　近网反拍截击近身球步法二

（8）在网前后退一步原地高压及后退三至四步蹬起高压所用的步法，见图 8-35、图 8-36。

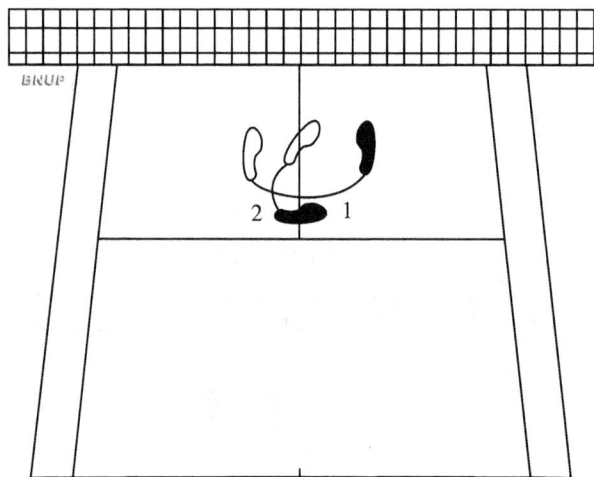

图 8-35　后退一步高压步法

图 8-36　后退 3～4 步起跳高压步法

第三节　正手抽击球

所谓正手抽击球指在本人握拍手同侧的地方对落地球的打法，应注意体验"以手掌击球"的感觉，手掌和拍头是同步动作，后摆引拍时手掌朝下，击球时手掌垂直，球拍头在击球时也相应地做垂直于地面的动作。包括平击、上旋、下旋及混合旋转等各种抽击法，每种抽击法特点不同，效果也不一样。

一、正手抽击球技术

底线正手抽击球是整个网球技术中的一项重要进攻技术。从理论讲，动作比较深长，击球有力，速度也快；从实践看，在比赛中正手平抽球机会比较多，如果正手抽击球技术掌握好，可以使自己在场上处于有利的位置。

其动作环节如下：

（一）准备姿势

面对球网，两脚分开与肩同宽，身体前倾，双膝微屈，重心落在前脚掌上，右手握拍，左手轻托拍颈，球拍置于肚脐与胸的高度之间，两肘轻触腰两侧，目光注视来球。关键是身体放松，肩部、腕关节放松，以便顺利进入挥拍阶段。

（二）后摆动作

当判断对方击球朝正拍来时，就要迅速向后拉开球拍转动双肩，重心后移，左脚前踏，左肩对网，左脚与底线约呈 45°角，右脚与底线平行，左臂屈肘前伸协助转体与身体平衡。右手引拍到两肩在一条线上，拍头向上略高于手腕，拍面保持开放，拍头指向身后，肘关节保持 $90°\sim120°$。

（三）击球动作

从拍子后摆进入向前挥动时，一定要向前迎击球，借助转髋和腰的快速短促扭转，利用离心力大力摆动身体并立即挥出球拍。此时应紧握球拍固定手腕，肘关节微屈，击球点在轴心脚的侧前方。关闭式步法击球点在左脚尖的前方；开放式步法击球点在右脚侧前方。击球时眼睛盯住球，使球拍打准球。

（四）随挥动作

球拍向着打球的方向自然挥出。随挥后，下巴或右脸颊应能贴到右肩，眼睛盯住球，不要仰头，脸保持向前的状态。待双臂挥动至脸部正面并完全伸直时，挥拍动作结束。这时重心从右脚移到左脚，身体面向打球的方向，将球拍收回，同时马上还原到准备回击下一次来球的状态。

二、正手抽击球的种类

（一）平击球击球法

纯粹的平击球是没有的，只是或多或少带些上旋。正拍平击抽球有飞行路线平直，落地弹跳低，冲力大，进攻性强的特点。在底线对拉相持中或在对攻中，如果平击球技术运用得好，不仅可以为进攻创造条件，而且有时还能直接得分。但由于平击球的飞行路线平直而缺少弧线，所以该击球法的命中率和准确性比较差。

动作要点：一是举起球拍，收身；二是大幅度后仰上体；三是在高处扑球；四是将球拍挥至身体正前方；五是结束时，将右肘举至头上。

（二）上旋球抽击法

上旋球是由于球拍向上摩擦整个球体，使球产生上旋。有三种重要的用途：一是用于大角度击球；二是用于"破网"；三是用于前场击球。

上旋球抽击法包括控制旋转量、快速、接近"平击球"的上旋球抽击法与充分旋转的、弧线型的"月球"上旋球抽击法两种。

1. 接近"平击球"的上旋球抽击法

飞行弧线较低，速度快，前冲力大，球落地后弹跳不高，能起到直接得分的作用。可用于底线对拉相持中的突击和侧身攻，以及接发球抢攻和中场抽杀。

动作要点：(1)握拍法应是东西方混合式。拉拍时让左肩向前，上体做扭转，以全身协调摇摆拉拍，与"月球"型上旋球大体相似，不同点是挥拍路线不是由后下向前上，而是由后向前的挥拍路线。(2)击球时间在球跳起后的高点或下降前期，击球点在球的中部或中部偏上位置，发力方向是以向前为主略带向上。

2.“月球”上旋球抽击法

飞行弧线高，下降速度快，落地弹跳后如冲跳，是对付上网型打法，把对方压在底线或打超身球的有效技术，目前在世界上被广泛运用。在比赛中，当自己的站位不利或对方来球难度较大，或为了打乱对方击球节奏，为自己进攻创造机会时，常会运用弧线型的“月球”上旋球。

动作要点：(1)握拍法应是东西方混合式。拉拍时让左肩向前，上体做扭转，以全身协调摇摆拉拍，拍头下垂，手腕翻转，使手背形成角度。(2)击球时，用腰的扭转，左肩拉开，使右肩向前推出，做到左肩和右肩的交互变换，使身体成为开放姿势再出拍，手腕与肘应稳定地使用，拍子由下方向上方挥出。(3)击球后，柔软地使用手腕，最后把球拍挥至内侧，靠近身体，击球部位在球的中部或中部偏上的位置，见图8-37。

图8-37 “月球”上旋球抽击法

（三）下旋球击球法

下旋球在上网截击及削球时运用较多，运动方式是使球下方的气压大于上方气压，故下旋球又飘又慢；下旋球与地面接触所产生的摩擦力与球的运行方向相反，故弹跳高度较小，特别是在草地网球场上击下旋球，有时仅有十几厘米，给对方回击造成很大困难。另外，可以变化场上比赛节奏，缩短对方连续回击球的准备时间，为争取主动创造条件。

动作要点：(1)判断来球，及早做出准备，在球弹起后的上升期迎击球。(2)后摆动作小，略像网前正拍截击动作的拉拍，拍面略开，随着球拍向前挥动，在击球瞬间，拍面几乎是垂直于地面。(3)击球点在身体的侧前方，击球时身体重心随挥拍动作一起向前，同时步法也相应跟上。(4)如对方来球是上旋，跳得较高，球拍应击球的中部，向前向下推动用力；如对方来球是下旋；跳得较低时，球拍应击球的中下部，向前并略向上推动，见图8-38。

图 8-38　下旋球击球

三、正手抽击球的练习方法

（一）熟悉球性练习

一是颠球练习：正拍面、反拍面交替进行，手腕一定要紧固；二是拍球练习。

（二）持拍无球的挥拍练习

主要是达到对正手抽击球正确技术动作的动力定型和手臂挥击路线的感受的练习。练习时，为了迫使自己转肩，在向后引拍时，可采用左手扶着拍颈，使左肩随着引拍动作转动。在做向左肩方向随挥动作时再一次抓住球拍，让球拍不要远离自己的左手。

（三）讲解击球点，原地抛球抽球练习

1. 两人一组站在球场的隔离挂网或练习墙前 4～5 米左右的位置上，同伴原地抛球，练习者用正手抽球，将球击在挂网或墙上。

2. 原地自抛对墙抽击球练习。可以在墙上画两条高 1.5～3 米的线，球击在墙上时，最好控制在两线之间。

3. 两人一组对着挂网，一人抛球另一人做抽击球练习。在抛球时应根据练习者的情况逐渐将球抛远一些，使练习者在移动中进行抽击球练习。

4. 坐凳挥拍练习：为了在初学时就能正确地体会到降下重心，可采用坐凳挥拍法。练习者坐在凳子边沿进行挥拍练习，一是坐在凳上后摆引拍；二是左脚向前踏出半步，做起身挥拍击球动作；三是前移身体重心，做前挥随前动作。

（四）两人一组，进球场在发球线后，一人原地抛球，另一人做多球抽击练习

（五）从准备站位开始，由教师采用多球送定位球，练习者做正手抽击练习

（六）对墙做抽击球撞墙练习，通过此练习提高步法的灵活性，加强对击

球点的判断，强化随球挥拍动作的完整与流畅

（七）练习者在端线后从准备状态开始，由教师用多球送不定位球进行正手抽击球练习，从而提高抽球的实战性

（八）两人一组在球场内进行实际对抽练习

（九）划定一些区域，送多球抽特定线路练习

（十）网前一人截击，另一人在底线抽击球，击定点的直线破网或斜线破网练习

（十一）两人一组在双打边线与单打边线的夹道上对抽直线球练习

（十二）两人一组在单打底线与边线的顶点上做对角线抽斜线球练习

第四节　反手抽击球

反手抽击球指的是与握拍手相反的落地球打法，它和正拍击球一样，也是网球的基本技术中最常用的击球方法。初学者一般先学习正拍后再学反拍，这是因为，用右手的人，习惯于在身体的右侧做事，正拍的拉拍动作既方便又容易，身体向右转动已成习惯。正拍有了一定的基础，对球的弹跳规律已熟悉，再学习反拍就比较容易。反拍的许多动作要领与正拍相似，只是方向相反。

一、反手抽击球技术

网球反手抽击球的动作要领如下：

（一）准备姿势

面对球网，双脚向前自然分开与肩同宽，双膝微屈，腰部略向前，用非握拍手轻托拍颈，拍头与下巴齐平，双肘弯曲，将球拍舒适地伸在前面，身体前倾，重心落在双脚上。当判断对方来球朝你的反拍方向飞来时，轻握拍颈的左手应该迅速帮助右手握拍变换为反拍握拍法。正拍若使用东方式的正拍握法或西方式握法，在打反拍时应变化为相应的反拍握拍法。双手握拍的人，大多也需要变化握法。

（二）后摆引球

向左肩转髋带动右手向左后方摆动，左脚向左转 90°与底线平行，同时右脚向左前方上步，左肩对着球网，手腕绷紧、后伸，双肩夹紧，右手拇指靠近左腿的上部。后摆时肘关节自然弯曲、下垂，重心移向后方的脚上。反拍的后摆动作应比正拍后摆更早地完成。单手反拍时，左手可轻托拍颈，伴随着向左转的协调动作；若是双手反拍挥臂，需要更充分的转体动作，右肩转向左侧的网柱。

（三）前挥击球

从后摆进入向前挥动时应紧握球拍，手腕固定，右脚与网成 45°，转动双肩、躯干和臀部，挥拍向球，反拍的击球点应在身体的左侧前方，击球时球拍与右脚应在一条直线上。击球瞬间，拍头的挥动最快，对准来球把球打正，肘部应伸直，球拍与手齐平，双眼盯住球，随着身体重心从后脚移向前脚。反拍上旋球的击球动作其拍头轨迹是自上而下的。

（四）随挥动作（跟进）

球击出后，拍面平行于网的时间尽量长些，挥拍沿着球飞行的方向前送，球拍随球向前的距离小于 60 厘米，重心前移，落在右脚，身体也随着转向球网。挥拍在右肩上方结束，拍头指向上方（削击球则不同），完成好随挥动作有助于控制球的落点和方向。随挥动作要比后摆动作大而充分，从而保证击球动作的完整和稳定。随挥跟进动作结束，身体转向球网，迅速恢复原来的准备姿势，准备下一次击球。

二、反手抽击球的种类

反手抽击球有上旋抽击和下旋抽击，有单手击球和双手击球法。

（一）底线反拍上旋球击球法

球拍自左后方向前上方挥击，这时球由后下方向前上方旋转，故称为上旋球。要想产生急剧上旋，需加大向上提拉的幅度，上旋球的最大优点是便于加力控制，尤其在快速跑动中，其他的打法容易失误，而上旋球则有较大的把握。因为，反拍上旋球的飞行路线呈彩虹状，过网后有急剧下降的特点，可以打出短的斜线球，把对方拉出场外回击取得主动，同时也是破坏对方上网的有利武器。较低的上旋球落在对方上网人的脚下，使其难于还击。

动作要点：(1)向后拉拍早，左手轻抚拍颈，借助转体，右肩侧对左侧网

BNUP

图 8-39　反手上旋球抽击法

柱（背对网），右脚向前上方跨出，持拍手肘关节微屈并靠近身体，向后拉拍。(2)当球落地跳起，持拍手借助腰的回转，球拍由后下方向前上方挥出，击球点在身体侧前方(右脚脚尖前方)，击球时拍面垂直地面，击球的中下部。(3)击球后动作要向身体正前方挥出，重心也由左脚移到右脚，同时身体正面对网，结束动作要放松并任其自然，见图8-39。

（二）底线反拍下旋球击球法

底线反拍下旋球俗称"削球"，和上旋球方向相反，它是由后上方向前下方挥拍，打在球的后下部产生旋转，球由后前方向下方旋转，成下旋球。下旋球的飞行路线是向上的弧线，过网时很低，但可以打对方的深区（后场），落点容易控制，比较稳健和准确。常用于随击上网，可以协调连贯地把随击与上网结合起来，利用球的飞行时间和深而准的落点冲至网前截击；也可以作为变换旋转和节奏的打法，扰乱对方取得主动。

动作要点：(1)击球前的后摆动作与上旋球的后摆动作有区别，不同点在于削球动作的后摆是持拍手借助转肩侧身向后方摆拍，拍头约与头部同高，持拍手肘关节微屈并靠近身体，右脚向前上方跨出，重心在左脚。(2)击球点同样在右脚侧前方，如果想打斜线，击球点要提前些；如果想打直线，击球点可以稍后些。当向前挥拍击球时，朝着球网回身转腰，肘关节外展，手臂伸直，手腕固定，身体重心由左脚移到右脚，膝关节微屈。(3)击球时拍面要微开，球拍由后上向前下方挥动做切削动作。击球的中部或中部偏下的位置。击球后球拍随挥动作应由下稍微向上呈弧形挥动到肩或头部高度并面向球网。

（三）底线双手反拍抽击球法

双手反拍抽球能像底线正拍抽球一样，打出高质量、高难度的进攻，因此受到运动员的青睐。双手反拍击球，不论来球高低，都便于对球施加上旋，发力击球也比较容易，能够弥补反拍击球不足的弱点。

动作要点：(1)反拍双手握拍击球，两只手都是东方式握拍法，如果是右手握拍者，右手以东方式反拍握拍法握拍，手掌根可靠近球拍柄的端部，左手以东方式正拍握拍法握在右手的上方。(2)侧身转肩背朝网，向后充分引拍，以获得必要的击球力量，右脚向前跨出，身体重心在右脚，后引动作靠近身体腰部。(3)击球时回身扭腰，球拍由后下向前上方挥出，拍面垂直，击球的中部或中部偏下，使球产生上旋。击球点在右脚侧前方，利用双臂的伸展来增加击球力量，身体重心移向右脚。(4)击球后面朝球网，随挥动作由后下向前上越球而过，动作在肩部结束，见图8-40。

图 8-40　双手反拍抽击球法

三、反手抽击球练习方法

（一）分解动作练习法

把反手击球技术分解为：准备姿势、侧身引拍、前挥击球、随挥动作四个部分，反复做无球挥拍练习，强化动作过程，增强肌肉对动作的记忆流程。

（二）两人一组抛球挥击球练习（对挂网）

1. 练习者站在挂网或墙壁前做好引拍动作，一人在击球点位置垂直抛球，练习者做挥拍击球练习。

2. 在球场内，由近（发球线）至远（端线），采用上述方法挥拍击球过网练习。

3. 对墙进行反拍击球练习，此练习方法对初学者来说效果较好，能很好地体会动作和球感。

4. 由教师用多球送定位球进行反手抽球练习，在此基础上，再送不定位球，在移动过程中做反手抽球练习。

5. 两人一组，在球场用 7～8 成力量进行反手对抽练习。

6. 底线反拍对抽，做斜、直线练习。

7. 先抽固定线路，逐渐加大难度到不定点线路。

8. 教师送多球做底线定点线路反手抽球练习，以提高击球的次数及线路的稳定性。

9. 网前一人截击，练习者在底线跑动做定点直线或直线破网练习。

10. 网前两人截击，练习者在跑动中做不定点破网练习。

11. 运用实际比赛练习，在比赛中提高抽球的稳定性和攻击性，从而真正地把握好击球时的深度、角度、速度三个基本要素。

第五节　截击球

球落地前被凌空击打（除高压球外），称为截击，亦称拦网。截击球技术分为：正手截击和反手截击两种。根据球的来路也可分为：中场截击、近网截击、低球截击和高球截击。截击球是网前技术中的一种攻击性击球方法，当球在落地之前，将球击回到对方半场区，回球速度快、力量重、威胁大。目前国内外优秀网球运动员都普遍采用发球上网或接球上网战术，因而，截击球技术被提到攻击性打法不可缺少的重要地位。

打好截击，一般采用大陆式握拍，也就是俗称的"大榔头"式握拍。这种握法除了可被用于截击以外，在发球和打过顶高压球时的效果也不错。如若采用东方式正拍打截击，当击球点高于球网的时候，这种握法或许效果不错，但是当击球点在脚踝高度的时候，东方式就很难将球带过球网了。这就不如大陆式握法好用。

一、中场截击

中场截击在网球训练及比赛中，通称为一拦，即第一次拦击。在实战中发球上网或随球上网不可能冲至近网，上网途中在发球线附近有一短促的停顿和重心转换，然后迎球做中场截击。中场截击球落点，质量的好坏，直接影响到网前的得分，所以中场截击球在网前截击球技术中起着很重要的作用，中场截击一般站位于发球线中点附近。

（一）正拍中场截击动作要点

1. 面对球网，两脚分开与肩同宽，其关节微屈，重心在两脚前脚掌上，在对手击球前脚跟提起，转胯转肩（右手握拍者），左脚向侧前方45°角跨步，以转肩来带动球拍后摆，后摆动作不超过肩，肘关节微屈，手腕形成45°角，拍面略开。

2. 截击时手腕紧固，击球点在左脚尖的沿长线上，以短促而有力的动作向前迎击来球，触球部位于球的中下部。

3. 由于中场截击距离较长，所以击球后的跟进动作，随着球的行进路线要稍长些，但不能太长，否则会影响下一段击球的准备动作。

（二）反拍中场截击动作要点

1. 准备动作与正拍相同，判断来球后，向左侧转肩转胯，同时左手托拍向后引拍，拍面略开至身体前面，后引动作不超过左肩。

2. 击球时右脚向侧前方45°角跨出，重心前移在后脚上，同时向前向下截击来球，击球点位于右脚尖前面，手腕固定，肘关节微屈，利用前臂与手腕向前下方击球。

3. 击球后的跟进动作与正拍中场截击一样，稍长一些，但要简短，随时准备截击下一板球。

不论正拍还是反拍截击中场球，拍面应随着对方来球的高度随时进行变化，截击中场高球，拍面应向前向下击球，截击中场低球拍面应打击球的中下部，向前搓顶球，见图 8-41。

图 8-41 中场截击球

二、近网截击

近网截击的站位比中场截击靠前，位于中线发球线前 1～1.5 米，它是在中场截击基础上，网前得分的主要手段，好的近网截击，其判断落点的准确，击球的果断，能给对方以致命的一击，为使自己的技术水平更全面和更有威力，必须掌握好近网截击球技术。

上网截击要十分警惕对方的破网和挑高球，因此站位的选择是很重要的。一般要站在位于对方破网的直线和斜线之间所形成夹角的平分线上，并多注意保护直线空当。

（一）近网正拍截击动作要点

1. 判断清楚对方来球的质量，包括球速、球离网高及球的角度，以便于迅速起动调整位置，控制拍面。如来球快而平，球拍面应稍开，击球中下部，手腕紧固，以短促的动作向前向下顶撞来球。如来球快而高，并略带上旋，拍面应竖起垂直，击球中部，以短促的动作向下向前顶撞来球，手腕紧固。

2.身体重心向前，后摆动作小，转体带动后摆同时也完成后摆动作，击球点在身体侧前方。

3.击球时左脚应向侧前方跨出，同时重心落在左脚上（右手握拍者），肘关节与身体距离不应太远（除扑击球外），以便顶住重球。

4.动作短促简单，随球动作小，并迅速准备下一板截击球。

（二）近网反拍截击动作要点

1.前期准备动作与近网正拍截击动作相同，要求重心向前，后摆动作小，根据来球高低，调整后摆位置高低及击球部位。

2.以肩关节为轴，由上向下或由后向前顶撞击球，手腕紧固，以前臂发力控制落点。

3.击球时右脚跨出，重心在后脚上，随击动作短小有力，见图8-42。

图 8-42　近网反拍截击

三、近身截击（中路球截击）

近身截击比正、反拍截击难度要大，这主要存在一个反应快慢及步法移动的问题，在对方朝两方破网不成功时，往往会朝中路打来，如果准备不充分就会措手不及。近身截击处理或掌握不好，就失去网前的主动权，因此需要运动员掌握好近身截击技术。

动作要点：（1）准备动作与正、反拍截击一致，双膝微屈，面对球网，重心在前脚掌上。（2）当球朝着偏正拍中路来时，左脚向左侧迅速横移一步，重心落在左脚上，右脚跟进同时转体侧身，球拍始终保持在身体前面，另一种方法是当球朝中路来时，右脚迅速向左后侧退一步，重心落在右脚上。如果中路球是朝偏反拍位置来时，动作要点与正拍中路球相同，步法则相反（也有两种步法）。（3）击球时手腕要固定紧握球拍，根据来球高低向前或向下撞击球；（4）击球后随击动作小，并迅速回到原来位置，准备截击下一板球，见图8-43。

图 8-43　近身截击

四、截击的练习方法

（1）先做徒手挥拍模仿练习，然后再做持拍模仿挥拍练习，并逐渐结合步法做挥拍练习。

（2）用多球进行单个动作的网前截击练习，以体会动作和球感。

（3）做球不落地的撞墙练习，练习时注意侧身对墙。

（4）由两名队员在场上发球线附近进行凌空截击球练习。

（5）教师送球，练习者在网前不拿球拍，做用手接住球的练习。

（6）在网前中场或近网对底线球进行截击球练习，先单线定点，然后加大难度进行左右移动截击或不定点截击。

（7）通过技术组合练习截击球，如发球上网或随球上网练习中场和近网截击，提高实战中的截击能力。

（8）网前一人截击时，底线两人破网，加大截击者的截击练习难度，提高反应力和判断能力。

注意事项：在对方击球前或击球一瞬间，重心要开始移动，做到球到人到。击球时肘关节应放在前面眼睛始终盯着球，以身体的力量和短小的撞击动作来截击球。随着对方来球的高低，要随时调整击球时的拍面角度，始终保持击球点在身体的侧前方。中场击球后应立即向网前移动，占据网前有利位置。截击低球，最好使球的落点深，以增加对方回球的难度。截击高球，要采用进攻的打法，争取直接得分。

第六节　放小球

为了战略的需要，掌握放小球这样细腻的球感，需要多年的训练和经验，以便使自己的网球技术多样化。尤其在女子运动员的比赛或慢速场地的比赛中，应用还是相当广泛的。它是一种调动、干扰、牵制对方的有力武器。

一、放小球的特点与作用

在比赛中配合运用放小球，可以更有效地发挥自己特长技术的攻击性，使对方不能专心于防守，打乱对方的站位、击球节奏，而使自己各项技术得到充分发挥。在对方体力大幅度下降的情况下，运用放小球战术可以摧垮对方的意志，加快对方体力的消耗，从而使自己打法多变，令对手捉摸不定。如今，教练员提倡运动员在适当的时机大胆应用这一技术，所以在我们的训练中要有专门时间，应用专门手段进行这一技术的练习。

二、放小球的动作要点

（1）当准备放小球时，击球前的准备动作与底线正反拍抽击球相同，球拍后引，侧身对网，拍头高于设想的击球点

（2）侧身还击来球，击球时拍面稍开，动作柔和，触球点在球的下部，使之产生下旋，并以适当的前推或上托动作把球击出，使球有适当的弧线落在对方接近球网的场地上。

（3）击球后身体重心向击球方向跟进，用自然协调的动作来完成随球动作。

三、放小球的练习方法

（1）持拍练习挥拍下切模仿动作。

（2）对墙轻击下旋球练习。

（3）用多球进行练习，先定位定点练习，然后再在跑动中练习。

（4）底线正、反手抽击球练习中，突然放轻球练习。

注意事项：要将这一技术与其他技术串联起来练，特别注意放小球后下一板技术的练习，如：放小球后上网拦封、放小球接后场反击、放小球与处理小球对抗练习等，因为这一板往往是得分的关键。在练习中，教练员要强调运动员注意动作的隐蔽性，教会如何掌握放小球的时机。处理小球技术也是不可忽视的，因为处理得好往往可以化险为夷，反攻得分，迫使对方不敢轻易运用这一技术，而减轻自己的压力；处理得差，对方可能频频使用，成为自己技术上的一大弱点，直接影响其他技术的发挥。因此，我们在练习放小球技术的同时，还必须重视处理小球的练习。

第七节　挑高球

挑高球不仅是渡过危机的防御手段，而且只要运用得法，同样可以帮助我们获取得分的先机。即使是在被动状态下挑高球，但只要质量好，就同样可能成为进攻的前奏，使自己从被动转为主动，因此一定要重视挑高球的练习。

成功的挑高球的要素：可以轻易越过对手的头顶，让他的球拍没有办法凌空扣到；落点足够深，迫使对手不得不转身跑向后场救球。打出这样的挑高球，就能趁对手向后跑动的同时，不给对手重新进攻或防守的准备时间，及时上网让他不再占据场上的主动。

挑高球技术可分为进攻性挑高球和防御性挑高球两种。

一、挑高球的特点和作用

（一）进攻性挑高球

进攻性挑高球又叫上旋高球，对威力强大的网前截击型对手，使用强烈的上旋高球是"致命武器"之一，它能打乱对手的网前战术，这种球能迅速飞过网前对手，落在对方后场，使对方既够不到又追不到，即使勉强打到高压球，也是软弱无力，从而漏出空当，给破网得分创造机会。

（二）防守性挑高球

防守性挑高球亦称下旋高球，它飞行弧线高，比上旋高球易控制，具有失误少的优点，在底线对打被对方打离场地时挑下旋高球，能赢得时间回到有利位置。如果能掌握下旋高球，同样不会让对方有网前扣杀的机会。

二、挑高球的动作要点

（一）进攻性挑高球

1. 挑高球动作要尽可能和底线正反拍抽击球动作一样。完成拉拍动作时，使手腕保持后屈。

2. 在挥拍击球时，拍面垂直，拍头低于手腕位置，采用手腕与前臂的滚翻动作，由后下向前上挥拍，做弧线型鞭击动作，使球拍在击球瞬间进行擦击，以产生强烈上旋，击球点在身体侧前方，重心落在后脚。

3. 击球后，球拍必须朝着自己设想的出球方向充分跟进，随挥动作要放松并在身体左侧结束，见图8-44。

图 8-44　进攻性挑高球

（二）防守性挑高球

1. 挑下旋高球与挑上旋高球一样，同样需要动作隐蔽，因此它的握拍、侧身转肩、后引拍应尽量与底线正反击下旋球动作一致。

2. 击球时拍面朝上，击球点在球的中下部，由后下方向前上方平缓挥拍击球，似"舀送"动作击球法，为了更好地控制球的高度和深度，尽量使球在拍面上停留时间长一些，动作要柔和。

3. 随挥动作与底线正反拍击下旋球一样，跟进动作充分，结束动作比上旋球结束动作要高，此时面对球网，重心稍后，见图 8-45。

图 8-45　防守性挑高球

三、挑高球的练习方法

1. 要循序渐进，在掌握底线正、反拍上旋球和下旋球的抽击技术后，再练习上旋或下旋挑高球。

2. 利用多球进行专门的挑高球练习，先定点练习，然后再在跑动中不定点练习，逐渐加大练习的难度。

3. 一人在网前击高压球，练习者在底线练习挑高球。

4. 一人在网前截击或击高压球，练习者在破网时突然挑高球。

5. 网前两人截击或击高压球，练习者练习挑高球。

注意事项：眼睛看球，动作放松；由低向高挥拍；进攻与防守要结合使用。

第八节　反弹球

一、反弹球的特点与作用

反弹球是当球落地刚刚弹起、球离地面还很近时，就抢先击球。这是一种难度较大的击球技术，失误的可能性也较大，但只要熟练运用，它就是一把利剑，不少的职业球员都具备娴熟运用这项技术的能力。它的特点是固定球拍角度，截住球的弹起一瞬间的力量进行还击。为了采取场上主动并为网前截击得分创造条件，有必要掌握好反弹球技术。

反弹球最有利之处是使对手措手不及，因为球尚未完全弹起就已被击出，大大缩短了球返回对方场地的时间。另外，这种击球可充分利用来球之力，由于球刚弹起速度尚未减弱，此时击球可获得很大的反作用力，力量小的选手也能打出极有速度的球。如果等球反弹后从最高点下落，其速度已经降低，击球时如不主动加力，便不容易打出强有力的球。

二、反弹球的动作要点

（1）正反拍反弹球握拍与网前截击相同，采用东方式反拍握拍法或大陆式握拍法

（2）尽早接近球。击球时上步并身体前倾，感觉好像要用身体去撞来球一样。向前跨步同时引拍，引拍动作简短，动作干净利落，击球后应迅速回动。

（3）当判断来球需要打反弹球时，迅速下蹲，降低重心。如正拍反弹球，应转体右脚向前做跨步，右腿弯曲；反拍反弹球侧相反，此时身体前倾，同时必须保持身体平衡，后摆动作视球过来的球速及准备时间的快慢而定，一般在转体时已完成后摆动作。

（4）击球时必须是眼睛盯住球，手腕与前臂紧固，拍面略开，随身体重心前移，拍子由下向上做反弹球，同时使球略带上旋。

（5）随挥动作不宜太长，能达到引导出球方向就够了，见图 8-46。

图 8-46 反弹球

三、反弹球的练习方法

（1）多做一些下蹲折返跑的练习，以便于击球时能真正做到下蹲降低重心。

（2）利用练习墙进行正、反手反弹球练习。

（3）用送定位多球的方法，把球送至练习者身旁进行反弹球练习。

（4）一人送球，练习者由后场向前场跑动，至中场击反弹球练习。

（5）两人一组在发球线内连续进行击反弹球练习。

注意事项：身体重心下降，击球时拍头由低向高提起，眼睛盯住球。在向前的动作中尽量使动作连贯，不要停顿，及时向网前靠近。根据对方站位，力争反弹球的落点平而深，这样才能由被动变主动。

第九节 高压球

一、高压球的特点与作用

高压球是一项绝对的强攻性技术，可分为凌空高压球、落地高压球、前场高压球、后场高压球等几种，一般来说打高压球就意味着得势、得分。良好的高压球技术，能为上网截击增加信心和增加威力，根据对方挑高球落点的深浅，采取大力扣杀和击打对方的空位，能使高压球更具威胁。

163

在实际比赛中打高压球的机会是不多的，而即使是不会打高压球的人也照样能够堂而皇之地活跃在网球场上——他们可以等球落地后反弹至合适的高度时以击落地球的技术将球处理回去。初学者不必在高压球上太费心思，把它当成一项有益但不十分必要也不必掌握得十分娴熟的技术稍加演练就可以了，等球技全面精进后再"充电"，不但不迟也比较安全。

二、高压球的动作要点

（一）握拍

高压球与网前截击球都是大陆式握拍。

（二）准备

上网或在上网途中随时都要准备，并且是心理上的准备，动作外形与一般情况无异。

（三）后摆球拍

以准备姿势为基础，在脚步开始调整、身体位置相应变化的同时转体、侧身并以最短捷的动作将球拍摆至肩上。

1. 指向来球：高压球在移动定位时非持拍手应指向空中的来球，避免将手吊在体侧，这不仅有助于测寻击球点的位置，而且对保持身体的平衡也有积极的作用。

2. 背弓动作：后摆时除伴随有转体、侧身动作外，还应有适度的屈膝及背弓动作以备发力之需。高压球不单纯依靠手臂或手腕的甩动发力，而是靠腰腹、腿部及身体整体的协调发力，这与发球是一样的道理。

（四）挥拍击球

判断准击球点并移动到位后，以双脚为支撑向击球点方向蹬地、转体、收腹（反弹背弓），继而挥拍击球。发力程序和感觉与发球相似，但击球点在能保证球过网的前提下，其位置越靠前越利于发力和控制球出手的角度，越靠前越具有杀伤性，这与发球时力争高点是不同的。到达击球点时身体应已完全面向对方（已完成转体），收腹（反弹背弓）的强劲势头也爆发于此点。手臂挥拍动作与发球一样有个搔背再迎击来球的过程，不要硬压大臂以期"高压"来球，而是要将小臂和拍头"甩"出去。当然，在这里"甩"的含义并不包括乱甩乱动手腕，手腕的张弛适度对击任何球都是十分重要的，因为不合时宜的紧张将导致整个手臂的僵硬，任意乱甩又极容易使球失去控制。高压球不必过分苛求施加旋转，只要注重力量和一定的角度就足够了。

（五）随挥

高压球的随挥动作仍与发球类似，击球过后顺势将球拍收于持拍手异侧的腿侧就可以了。这在击球点比较合适（如在身体的前上方）的情况下比较容易做出来。如果击球点很靠后或很偏，不适合正常发力，那么随挥动作就有可能被强行的扣腕或旋腕动作所代替，这要求击球者具有良好的腰腹力量及手腕的控制能力，初学者遇到这样的情况时最好能够量力而行，若勉强为之同样容易受伤。

（六）步法

打高压球对步法的灵活性及准确性要求比较高，因为来球不受己方控制，是"高空作业"。球在空中飞行时可能会因风向、旋转等因素而产生一些难以预知的变化，这就要求击球者快速反应、灵活移动、准确取位以获得理想的击球点，否则很难打好高压球。

三、高压球的练习方法

1. 持拍做模仿练习

2. 体验高压球击球点位置的练习

（1）教师在中场喂多球，练习者在发球线附近保持好侧身的姿势，左手指球，右臂抬起。球喂出后，微调脚步去寻找高压击球点的位置，然后用左手去接球，要保证接到球而不仅仅是碰到来球。接球过程中，要保证上体正直，不要通过上身的多余动作来接球。

（2）准备姿势同上，在球到来前的一刹那用右手伸直去接球，接球时同样保持上体正直。

（3）缩短握拍半径，将手握在拍颈处，击打教师喂送的高压球。

3. 结合步法，设定目标做击高压球挥拍练习，练习者体会击球的时间及空间感觉

4. 送多球进行各种高压球练习，由易到难，先近网后远网，先定点后不定点喂送球

5. 一人或两人在底线挑高球，练习者结合实际进行高压球练习

注意事项：判断好来球时要尽量早进入击球位置；整个击球过程眼睛不要离开球；打高压球时应果断，不能犹豫。

第十节　发球

在现代网球运动中，发球是最重要的技术之一，也是一项比较难掌握的技术，因为发球时需要动员的身体部位较多，动作幅度较大，需要肌肉的协调程度较高。高水平比赛中，球员保住自己的发球局是赢取胜利的关键和基础。它可以不受对方制约，在较大程度上能够发挥出个人特点，以控制对方，为自己的进攻创造有利条件。

一、发球的动作要领

（一）稳定情绪

心浮气躁的情况下是很难发出一个好球的。通常的做法是：在发球的位置上做几次深呼吸，再拍拍球，然后站定准备发球。各人习惯不同，因而稳定情绪的做法也各有异，但这一环节最好不要被略掉并且尽量延续至准备动作当中去。

（二）握拍法

东方式反手或大陆式握拍。许多网球初学者都喜欢用东方式正手握拍进行发球，如果采用此种握拍在右区而且是用正常动作发球的话，球出手后十有八九会偏向外角一侧，因为手腕在自然情况下所形成的拍面就是如此的角度，若想使拍面偏向内角则必须向内转手腕，而经常做此动作不仅相当别扭而且易使手腕受到损伤。所以在可能的情况下最好不要用东方式正手握拍进行发球。

（三）准备姿势

双脚自然分开站立，两脚的连线根据球员的习惯可与底线相垂直，也可以保持另外一个合适的角度；身体自然前倾，全身放松，侧身站在端线外中点旁（单打），左肩对着左边网柱，面向右边网柱两脚分开约与肩宽，左脚与端线约呈45°角，右脚约与端线平行，重心在左脚上。左手持球轻托球拍在腰部，拍头指向前方。呼吸均匀，精神集中，见图8-47。

正面

侧面

图 8-47　正面、侧面发球

（四）抛球

1. 抛球的方法

在准备动作的基础上，持球手的肘部渐渐伸直并向下靠近持球手同侧的大腿，然后从腿侧自下而上将球抛起。在整个动作过程中，手臂保持伸直的状态，其走势与地面垂直，掌心向上，以拇指、食指、中指三指将球平稳托起，尽量避免勾指、甩手腕等多余的手部小动作，以免影响球的平稳走势，球在空中的旋转越少越好。球脱手的最佳点在手掌走势的最高点，脱手过早容易造成球在空中旋转或晃动，出手过晚则会令球"走"向脑后失去控制。脱手时托球的三手指已最大程度地展开，球不是被"扔"到空中而是被"抛送"到空中去的，初学者应对此多做体验，见图 8-48。

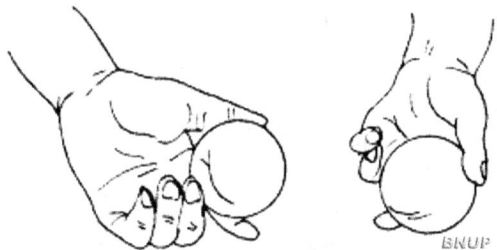

图 8-48　抛球中的持球

2. 球脱手后在空中的位置

一般来说，第一发球强调出球的速度与攻击力，击球点较靠前，因此球也抛得较靠前。第二发球较为保守，在保证成功率的前提下强调球的旋转和控制球的落点，击球点也就相应后移，因此球自然要抛得靠后一些，基本上与背弓时身体的纵轴线相一致。抛球的位置也可参照球落地后相对于前脚的位置来确定。一般来说，第一发球抛球后球应落于前脚前一个拍头的位置上。

3. 抛球的高度

球抛到空中的高度当然不能低于击球点的高度，但究竟多高才合适要视个人情况而定，因为此高度限定了挥拍击球所用的时间。从准备姿势到抛球出手，身体重心还有个后靠至后脚再前移至前脚的过程，同时髋部前顶、腰背呈"背弓"状，然后反弹背弓并发力挥拍击球。

（五）击球动作

当左手抛出球时，球拍继续向上摆起，这时握拍手的肘关节放松，可以使向前转动的身体和右肩自动地使手臂产生一个完美的绕圈（不是故意的做挠背动作），当球下降到击球点时，迅速向上挥拍击球，左脚上蹬，使手臂和身体充分伸展。当身体向前上方伸展击球时，肩、手臂已经回转，双肩与球网平行。挥拍击球时，持拍手手腕带动前臂有一个旋内的"鞭打"动作，这就是发球发力的关键动作，也是其他诸如重心前移、蹬腿、转体和挥拍等力量集聚的总和。

（六）随挥动作

击中球时虽然挥拍击球动作已告完成，但整个发球过程却仍在继续。到达击球点后球员应顺着身体及挥拍的惯性做收腹、转肩和收拍的动作，最终拍子由大臂带动收向持拍手的异侧体侧，结束发球动作。这一过程被称为随挥，即随球挥动，与底线击球的随挥异曲同工，见图 8-49。

图 8-49　网球中的挥拍

二、发球的种类及其方法

发球基本分三类：平击发球、切削发球和旋转发球。每一种发球都有自己的特点和用途，好的发球具有相当大的攻击性，使发出的球在速度、力量、旋转和落点方面有变化。

（一）平击发球

平击发球是在各类发球中球速最快的发球法，也称为炮弹式发球，该发球不但球速快，而且反弹低。如果身材高大就可以借助高点击球的空中优势直接进攻对方；如身材矮小或女选手就不宜使用平击球，这种发球虽然力量大、球速快、威胁大，但命中率比较低。平击发球时击球点应在右眼的前上方，以拍面中心平直对准球的后中上部。此时手腕的向前抖甩和前臂的内旋"鞭打"非常重要，身体充分向前向上伸展，以获得最高击球点，提高发球命中率，见图 8-50。

图 8-50 平击发球

（二）切削发球

这是一种以右侧旋转（略带上旋）为主的发球法，是由球的右上往左下切削击球。切削发球的飞行轨迹及弹跳方向所定，该发球不但球速快、威胁大，而且容易提高命中率，因此被世界上多数运动员所采纳，见图 8-51。

图 8-51　切削发球

（三）上旋发球

这是一种以上旋为主，侧旋为辅的发球法。由于发出的球上旋成分多于切削发球，使球产生一个明显的从上向下的弧线飞行过网，发力越强旋转成分越多，弧线就越大，命中率也越高。落地后高弹跳到对方的左侧，迫使对方离开原来位置接球，给对方造成很大的接球压力，同时为发球上网带来足够的时间。

上旋发球应该将球抛到头后偏左的位置，击球时尽量使身体呈弓形，利用杠杆力量对球加旋转，击球时球拍迅速从左向右上方挥动，从下向上擦击球的背面并向右带出，使球产生右侧上旋，见图 8-52。

图 8-52　上旋发球

三、发球的练习方法

（一）发球技术动作分解练习（无球练习）

1. 从基本站位的准备状态到随挥跟进动作，各阶段都进行分解练习。

2. 慢速做整个发球动作练习。

3. 肌肉放松，用一定的速度，连贯流畅地做发球动作，注意保证良好的节奏感，有意识地加大随挥动作。

（二）抛球稳定性练习

1. 无球状态，先用左手指着自己的右眼，然后转身引拍，此时左手向前上方指出的方向，即是抛球方向。

2. 结合引拍，左手在自己的右眼前上方抛球，下巴抬起，眼睛盯紧球；抛球高度为手臂托起的最高点以上 70～80 厘米处（即一个球拍的高度），让球自然落下；然后观察其落点是否在自己站位前约70厘米处。

3.跪在底线后，侧对着球网，持拍手臂直接把拍引在身后，然后抛球挥拍击球。由于下半身被固定，就无法通过移动脚步来调整位置，这样更容易体会正确的抛球位置，练出稳定的抛球。

（三）抛击球练习

1.用多球在底线做抛球、放松击球练习。要求用6～7成的力量，体会击球点和完整的技术动作要领。

2.降低难度，在发球线上做完整的发球练习。

3.面对墙站，做引拍搔背动作，由蹬地转身伸臂开始，轻轻地上挥球拍，让球拍框去触击墙壁。

4.用拍框缘在地上做拍球练习。

5.距软墙（挂网）15米左右站立，做完整的发球练习，把球击向软墙（挂网），体会完整的抛球和击球技术动作，从而领悟发球技术中的放松、准确、协调、舒展及良好的节奏。

（四）用多球先练习发不定点球（特别是在初学时，发球不稳定，这时主要强调发球的成功率）；当熟练地掌握发球技术后，提高难度，练习发定点球，即在发球区内不同的落点设置目标练习"打靶"，以提高发球的准确性

（五）安排一些小型比赛，在一定时间内或发一定数量的球，看谁的命中率高，从而积极有效地提高成功率和准确性。

（六）练习发各种不同性能的球，并熟练掌握。

（七）组织实战比赛，提高一发和二发的稳定性。

第十一节　接发球

一、接发球的重要性及要求

在网球比赛中，接发球能成为战术上和心理上的有力武器。如果发球是对方的强项，能接住对方刁钻、有力的发球，就会使对手在比赛中失去信心，陷入混乱，出现急躁情绪从而增加失误。接发球是网球中仅次于发球的重要技术。一旦发球成功，接发球即决定着是否得分。比赛中的第二、第三和第四板球之所以成为可能，仅仅是有了成功的接发球才存在。发球的重要性会因接发球技术掌握得好而减弱。接发球技术稳定，就迫使发球者用其他的打法来寻求获胜；好的接发球在心理上会占据很大的优势，从而把压力施加于对方，迫使对手出现错误。

要接好接发球，要求敏锐的洞察力和优秀的预判能力、优秀的自动反应

能力、快速的动作速度和平稳的心态。对于不同的发球，应采用不同的接发球动作和不同的接发球线路，同时还应有一定的冒险精神。未来接发球将更趋主动，进攻意识更强。

二、接发球的动作要领

1. 接发球站位：一般位于端线附近，力求在接发球时向前移动击球。准备姿势：保持两脚平行站位，比肩略宽，右手持拍者一般右脚稍前，两膝微屈，上体稍前倾，脚跟提起，将球拍置于体前

2. 在接发球的全过程中眼睛始终要注视来球，一直到完成还击动作。

3. 对方第一次发球时多采用大力发球，站位应偏后一些，如果是第二次发球时可略向前移，采取攻击性的还击。接大力发球时不要做大幅度的后摆动作，主要是控制好拍面角度并握紧球拍以免拍面被震转动。

4. 还击来球之前要观察对方行动，对自己的回球路线和落点要有所考虑。选择好接发球落点，对控制对手发球后抢攻有重要意义。

三、接发球的种类

接发球分正拍和反拍两种接法，可打出上旋、下旋、平击球等。根据战术需要，除了用不同的回击力量和落点变化之外，还可以直接放小球或挑高球，也可以接发球上网和接发球破网。

四、接发球的练习方法

1. 基本技术练习：反复练习准备姿势和接一发的站位、接二发的站位。

2. 多球式的接发球练习：根据练习者的接发球技术水平，教师用多球发球，对练习者进行专门的接发球练习。初学者可以先练习按固定位置的球速较慢地发球，然后再增加发球的力量速度，教师可站在发球区域附近位置发球；随着接发球技术水平的提高，应练习接各种变化的发球。

3. 与发球员配合的接发球练习：由一至两名练习者发球，结合实战，进行接发球练习。

（1）接发球破网。即接发球时，直接突破对手的网前拦截。

（2）接发球抢攻。即接发球时，迅速有力地回球攻击对方。

（3）接发球随球上网。即接发球后快速跟进到网前，准备网前进攻。

4. 提高接发球准确性的练习：多人轮流发球，要求接发球者把球回击到指定的区域内。

5. 有目的地安排单打或双打战术练习，互相对抗，以提高接发球在实战中的稳定性和心理素质。

注意事项：准备接发球时要放松，只需在击球时用力，身体紧张会影响

腿部的移动。要主动向前迎击球，不要被动应付，注意提起脚跟，重心向前。注意力高度集中，对方上举抛球时，眼睛一刻不离地盯住球。

>>> 练习与思考

1. 简述握拍的种类及其优缺点。
2. 正、反手抽球容易出现哪些错误及怎样纠正？
3. 什么叫步法？网球的击球步法有哪几种？
4. 简述发球的意义。学习发球应注意哪些问题？

第九章　网球运动的基本战术

本章要点

　　本章共三节，介绍了现代网球战术的特征、网球单打战术、网球双打战术。

第一节　现代网球战术的特征

一、攻守平衡

　　任何进攻战术都是为了创造机会直接得分，攻守平衡不仅要求在战术指导思想上要有清楚的认识，在战术打法上也要有充分的体现，更重要的是在个人的能力上要具备全面的攻防能力，既有进攻能力，又有出色的防守功夫。任何防守战术都是为了阻止对方获得得分机会或让对方出现失误而失分。实践证明，片面强调进攻或防守都不可能取得优异的成绩，唯有坚持攻守平衡，才能取得理想的效果。

二、技、战术的有机结合

　　战术作为一种手段，必须同技术的运用密切相连。不同的技术在运用时会达到不同的效果。当制定好战术打法以后，就必须选择与之相适应的技术动作。也只有具备了较出色的技术时，才能够充分地实施自己的战术意图。战术与技术的合理组合运用，是现代网球战术的重要特征之一。

三、掌握节奏，争取主动

　　比赛节奏渗透于攻守战术之中，进攻的节奏是通过进攻的速度快慢和强度变化交替灵活地运用来体现的。防守的节奏是通过延缓对方的进攻速度和增加对方进攻的难度来体现的，掌握节奏极为复杂，极具艺术性，它与比赛经验、临场应变能力、观察和判断场上形势、捕捉战机等的关系十分密切。在现代网球比赛中要想获得主动权，就必须掌握和控制好攻守的节奏。

四、以己之长，克彼之短

　　不同的运动员会有不同的特点，在比赛中首先要尽量做到知己知彼，然

羽 · 毛 · 球 · 网 · 球

后才能发挥自己的长处，攻击对方的短处。当与擅长底线技术的运动员比赛时，就要想法不让他留在底线；当与发球上网型选手对峙时，则要限制他上网进攻，尽量不让对手发挥他的长处。现代网球比赛，从某种角度上来说，就是在比谁能发挥自己的长处，避免自己的短处。

五、灵活机动，即兴发挥

运动员在赛前都会根据自己的特点，精心设计并熟练掌握几套进攻、防守战术的打法，这是非常必要的。但是比赛情况千变万化，对手也会采用针对性的防守或进攻战术打乱你的部署，使你预定的战术套路难以实施。因此，必须鼓励和提倡运动员在坚决执行预定攻守计划的同时，充分发挥自己的创造性，提高合理运用战术的能力。根据赛场情况的变化，灵活机动地进行比赛，这也是在激烈竞争中攻击对手的重要法宝。当今网坛高手云集，技、战术发展突飞猛进。运动员在比赛中如能懂得战术并能巧妙地加以运用，就能在同等水平中占据优势。战术，意味着设计一套现实的比赛方案，对自己做出正确的评价和学会分析将要遇到的对手。它能使自己进步更快，获得更大的成功，得到更多的乐趣。正如《孙子兵法》所说："知己知彼，百战不殆。"

第二节　单打战术

所有的战术，都是根据运动员自身的技术特点、特长来确定的，技术是完成战术意图的重要保障。单打战术的运用要求运动员要有独立作战的能力，冷静的头脑和较强的适应能力；在应对不同类型打法的运动员时，要善于观察，富于变化，根据自己的技、战术特点，把各种战术有机地结合并合理地应用。

一、上网型打法

上网型打法是指在网球比赛中根据场上的情况，适时地采取上网截击、高压球等技术攻击对方，以获取胜利的一种战术打法。它的战术指导思想就是利用网前进攻作为主要得分手段。它的基本战术可分为发球上网、随球上网、接发球上网、偷袭上网、伺机上网和放小球上网。

（一）发球上网战术

运用发球上网战术，首先须具备成功率极高的强劲有力的一发技术。发球上网是利用发球的力量进行主动进攻，先发制人，然后上网抢攻的一项主要战术。它是上网型选手在比赛中的主要得分手段。

运用发球上网战术，应遵循以下战术原则：

1. 用第一发球的力量，发侧旋球，目标是对方发球区右区外角，然后上网，冲至发球线中线偏左，主要封住对方正手直线球。运用截击球技术将对方的来球击至对方反手区，如图9-1。

2. 用第一发球发平击球或用第一发球的力量发上旋球，目标为对方发球区右区内角，然后上网，冲至发球中线，判断来球，截击至对方底线正、反手后场区，或随中场截击贴近网，见图9-2。

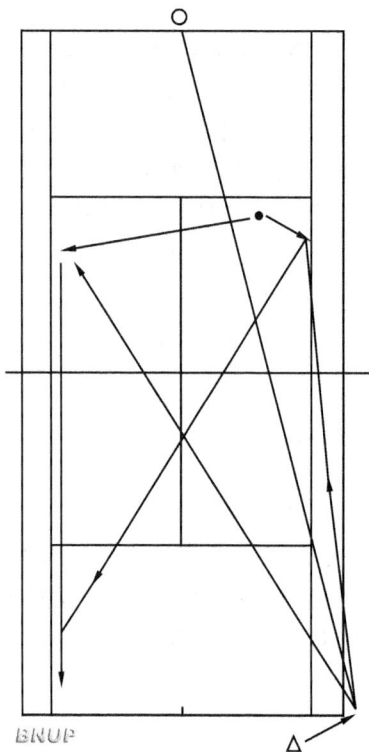

图9-1 发球上网战术一

注：○——发球上网者 △——接发球者

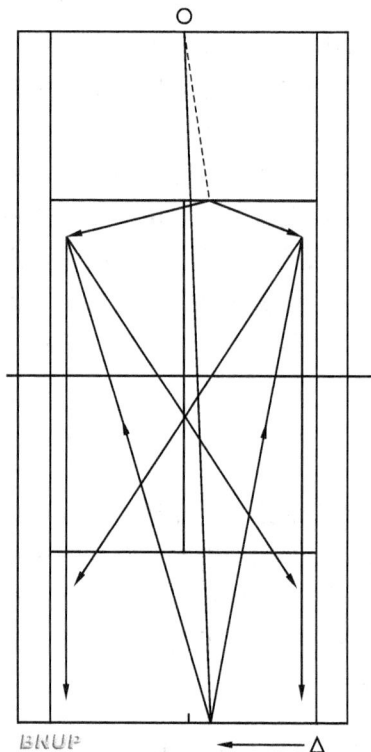

图9-2 发球上网战术二

注：○——发球上网者 △——接发球者

3. 用第一发球的力量发上旋球，目标为对方发球区外角，然后上网，冲至发球线偏右，主要封住对方反拍接直线球，截击球至对方正拍区，见图9-3。

4. 用平击发球或侧旋发球，将球发在左区内角，然后上网冲至中场，判断来球，将球截击至对方正、反手底线深处，然后人随球跟进，准备近网截击，见图9-4。

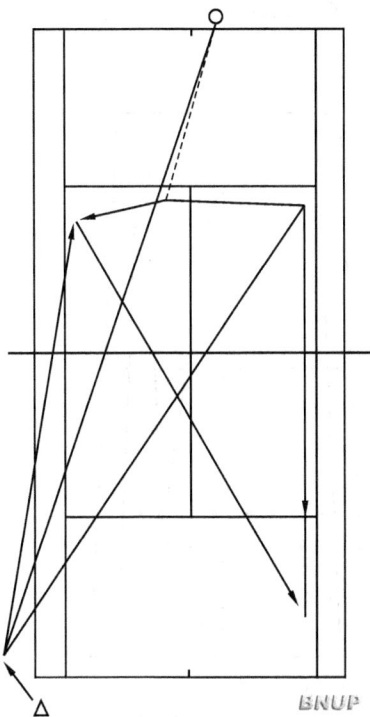

图 9-3　发球上网战术三
注：○——发球上网者　△——接发球者

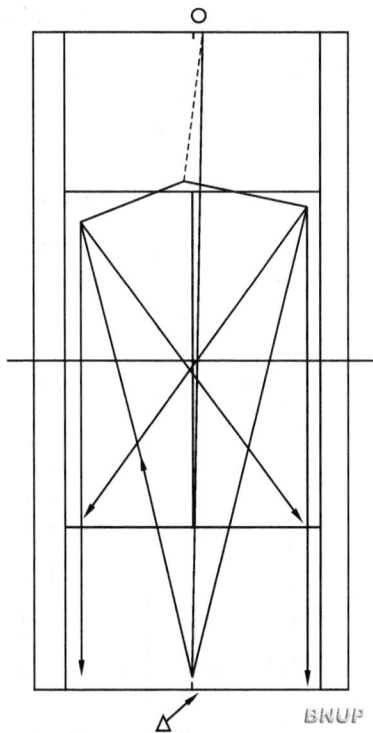

图 9-4　发球上网战术四
注：○——发球上网者　△——接发球者

在战术运用的过程中必须注意：发球上网的发球，重心要上升，击球点要稍前些，这样便于重心前移迅速上网；应边上网边判断对方来球，不论是否冲到发球线，在对方击球瞬间要急停、判断，然后再第二次起动向前上网截击。第一发球命中率要高，一般应达到50％以上，这样才能发挥出发球上网的优势，为上网得分创造条件；发球的落点和旋转要有变化，以便破坏对方接发球的节奏。

（二）随球上网战术

随球上网战术是利用双方在底线对攻相峙时或对方发球时，出现质量不高的中场球，而果断地运用正、反手抽击球，然后随击球上网的一项战术，它也是比赛中的主要得分手段之一。

在战术运用中要注意的问题：

1. 步法起动快，采取迎上高点击球的打法。

2. 随击球的成功率要高，质量要好，这样才有利于网前的进攻。

3. 随击球的打法要不断变化，如平击、上旋、下旋等，以破坏对方击球的节奏。

177

4. 应根据击球的斜、直线落点，人随球动，迅速贴近网前进行封网，见图 9-5～图 9-13。

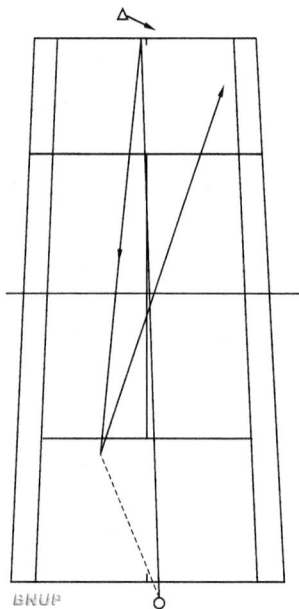

图 9-5　正拍侧身打斜线

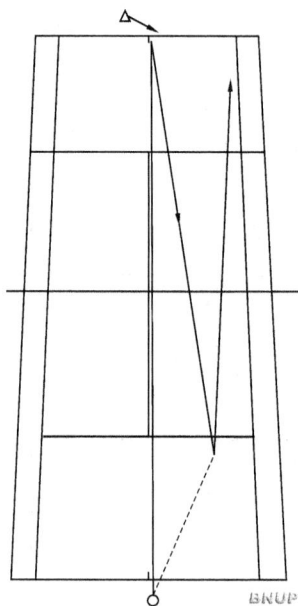

图 9-6　正拍打直线

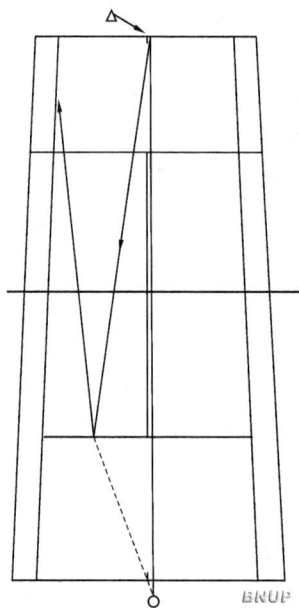

图 9-7　正拍侧身打直线

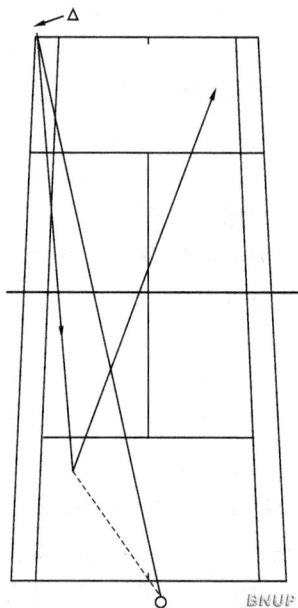

图 9-8　反拍打斜线

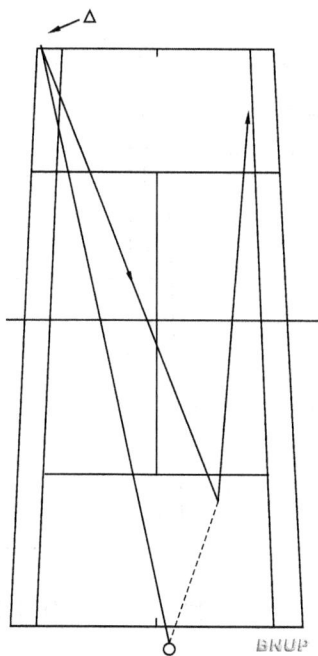

图 9-9　正拍打直线

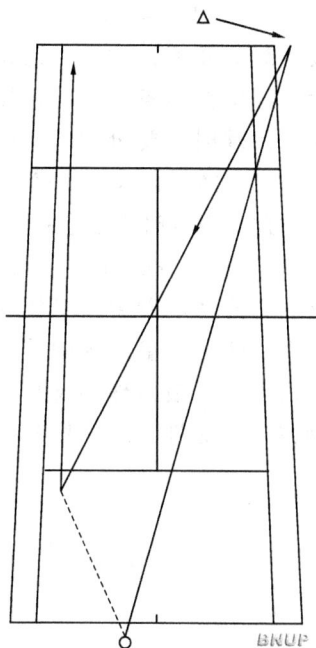

图 9-10　反拍打直线

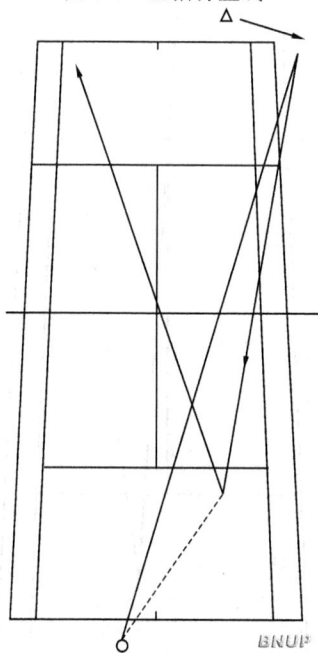

图 9-11　正拍打斜线

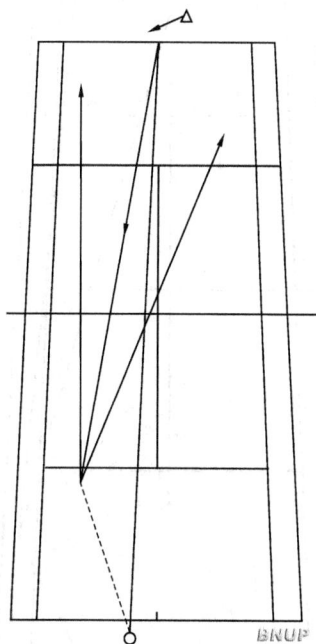

图 9-12　反拍打斜线、直线

（三）接发球上网战术

接发球时必须积极主动，抢先上网。上网型打法应利用快速多变的各种手段来接发球，尤其是接对方的第二发球时，要抢攻上网或推切上网，以便充分发挥自己上网型打法的特点。

在运用此项战术时应注意：在对方击球的瞬间，应立即进入底线内，准备迎上接球。判断来球落点，迅速调整球与身体的距离。身体迎球向前，引拍动作小，借助身体的力量及球的反弹力量，做压上高点击球。击球后，根据球的飞行落点，迅速随球移动，上网截击，见图 9-14～图 9-19。

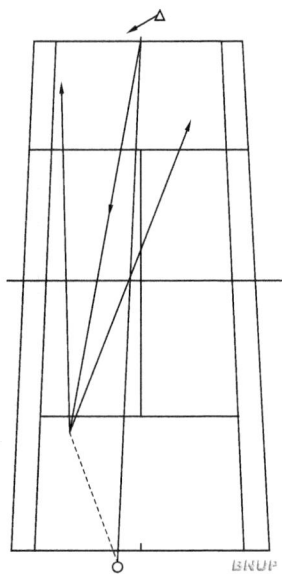

图 9-13　正拍打斜线、直线

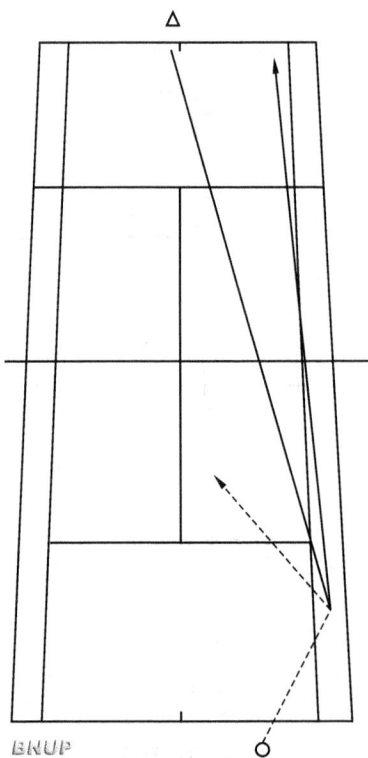

图 9-14　接发球上网一

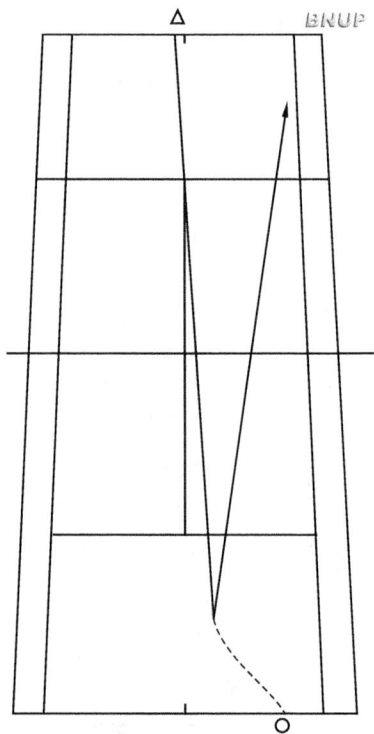

图 9-15　接发球上网二

羽·毛·球·网·球

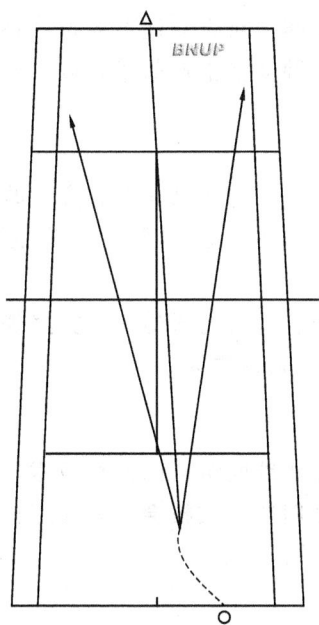

图 9-16 接发球上网三

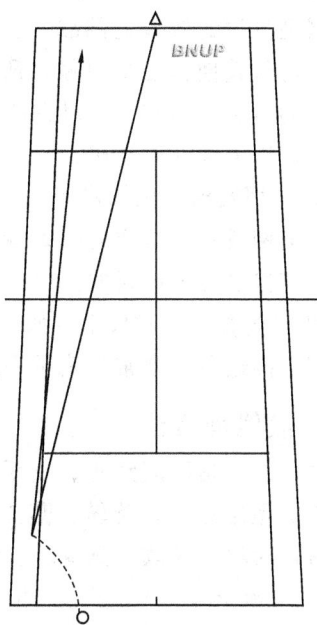

图 9-17 接发球上网四

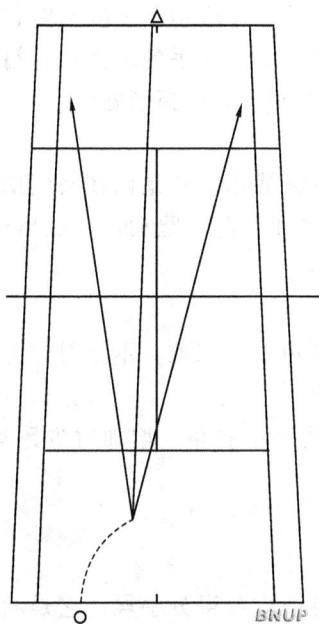

图 9-18 接发球上网五

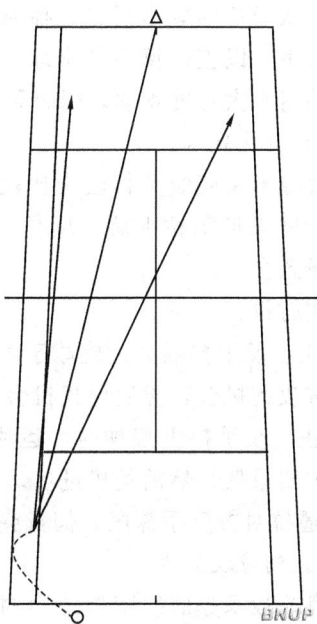

图 9-19 接发球上网六

（四）偷袭上网战术

上网型打法的偷袭上网战术，是利用比赛中对方只注意对付一种打法而忽略了去对付其他打法的时候，所运用的一种变换上网战术，以打破对方进攻及防守的节奏，达到进攻对方的目的。

一般在以下情况时运用：

1. 在运用发球上网战术时。当对方已适应了这种战术时，突然改用发球后随击球上网战术，这样通过发球上网战术和随击球上网战术的不断变换使用，以达到偷袭对方的目的。

2. 在底线对拉、对攻中，如对方专注于在底线打长球时，突然加力或拉上旋高球上网偷袭，常常可使对手措手不及而造成失误。

二、底线型打法

底线型打法是以底线正、反手抽击球为基础而组成的一种战术。它的指导思想必须是用速度、旋转、落点的变化来创造进攻机会。底线型打法的主要战术有：对攻、拉攻、侧身攻、紧逼攻、防反攻。

（一）对攻战术

底线型打法的对攻战术，是充分运用场地的长度和宽度，通过在底线的正、反手抽击球的连续进攻，配合速度和落点的变化与对手展开阵地战，力争主动，从而达到攻击对方，控制对方的目的。在运用此项战术时首先是要压制住对手，以正、反手抽击球的速度、力量攻击对手的弱点；以精准的线路，调动对手大角度跑动，同时寻找机会进攻得分，一招制胜。

（二）拉攻战术

拉攻战术是底线型打法中比较普遍的一种战术。它是以在底线的正、反手拉上旋球或正拍拉上旋、反拍切削球促使对方左右跑动，一旦出现机会，立即给予致命一击。

运用时机：

1. 正、反手拉强力上旋球于对方底线两边大角深处，不给对方上网及底线侧身进攻的机会，然后寻找机会进行突击。

2. 正、反手拉上旋球时，运用拉正、反手小斜角，增加对方跑动距离，使其回球质量低，然后伺机进攻。

3. 逼拉对方反手深区，伺机突拉正手。

（三）侧身攻战术

侧身攻战术是底线型打法中的一项主要进攻及得分手段。它是利用强有力的正拍抽击球，配合良好的判断和步法移动，在靠近发球线的场地上用正拍对对方施加有力的攻击。

运用方法：

1. 连续用正手攻击对方，创造得分机会。

2. 用正手进攻，调动对方移动，反手控制落点，伺机用正手突击进攻。

3. 全场用正手逼攻对方反手，再突击变线正手。

4. 用正拍进行攻击时，连续打出回头球。

（四）紧逼战术

底线型打法的紧逼战术就是以其快的节奏对对手进行攻击、施压。它是当今世界优秀选手们常用的一种攻击对方的战术。紧逼战术主要是发挥其良好的底线正、反手抽击技术，迎击上升球，利用对落点的控制，步步紧逼，以达到攻击对方的目的。

运用时机：

1. 接发球时就向场内移动，紧逼向前进攻，使对手发球时产生心理压力和发完球后有来不及准备的感觉。

2. 连逼对手反手，突击正手，伺机上网。

3. 紧逼对方两侧边线，使其被动或回球出现错误，伺机上网。

（五）防守反击战术

防守反击战术在底线型打法中占有很重要的位置，在执行防守反击战术时，利用良好的底线控制球能力，发挥判断、反应快，步法、体力好，击球准确的特点，调动对方，以达到在防守中寻找机会进行反击的目的。

运用时机：

1. 当对方运用发球上网战术进攻时，接发球可采用迎上借力接球，把球打到对方脚下或两边小角，然后第二拍准备反击破网。

2. 当对方采用底线紧逼进攻战术时，可运用底线正、反手拉上旋球至对方底线两边大角深处，不给对方进攻得分的机会，然后再伺机进行反击。

3. 当对方运用随球上网进攻时，应提高底线破网第一板的成功率和突击性，以及破网的质量，以寻求第二次破网反击的机会。

三、综合型打法

综合型打法的特点是，在场地的任何地方都能将球处理好。这种打法要求选手的各项技术都比较均衡，如发球上网、中场侧身进攻、底线进攻以及防守时也能将球保持不失误等。作为一名全面型打法的选手，其实在比赛时不需要什么获胜的战术。但作为一名教练员，则应向这种选手教授如何应对其他类型打法选手的战术。

（一）应对发球上网型或在对打中喜欢上网型选手的战术

为了达到反击进攻型选手（如发球上网型选手）的目的，应优先遵循以下的战术原则：

1. 发球

当与一位发球上网型选手进行比赛时，关键是要运用好自己的发球，提高自己第一次发球的成功率，即使发球时多一点旋转和放慢速度也无妨，改善发球效果。如将球发向对手的身体，以此来避免对手在接发球时攻击自己；以较多的发球上网来应对同样类型打法的选手。

2. 接发球

由于对手喜欢发球上网，因此应将注意力集中在以下几个方面。

（1）不要过多地考虑自己和对手，要将注意力放在接好发球上。

（2）将球接到球场中路，以此来消减对手拦网时打击的角度。

（3）加强接发球时的旋转，以此来迫使对手在第一次拦网时，打出高球。

（4）接发球后跟进，占据底线内的进攻位置，以此来减少对手在打完第一次拦网后的回位时间。

3. 1~2 次的连续破网击球

在寻找用第二次破网击球来破坏对手的拦网前，应设法用第一拍击球使对手陷入圈套，然后利用多种破网手段，如挑高球、打小斜线、直线破网等来达到最后得分的目的。

（二）应对底线进攻型打法选手的战术

为了达到应对底线进攻型选手的目的，应遵守以下战术原则：

1. 提高成功率

当面对进攻型底线打法的选手时，最重要的是设法让自己先保持在一种底线型全面打法的基本状态中，减少自己的非受迫性失误，同时增加对手的受迫性失误，用这种方法来得分。

2. 弱点

每名底线进攻型选手都有自身的薄弱环节。例如，小球处理得不太好；两侧移动好于前后移动；对前场球和对方所放的小球反应迟缓；对于打过来的中路球反应不太敏感；不喜欢打弹跳高的球等。找准对方的弱点，并且采用能使这些弱点暴露无遗的战术。

3. 控制好发球

无论同谁比赛，这都是一条重要的宗旨。当与一名底线进攻型选手比赛时，这点尤为重要。一定要做好以下几点：

（1）多运用发球上网战术。

（2）经常变换发球落点，并且运用不同的旋转和速度发球。

（3）多将球发到对手的近身处。

4. 进攻性接发球

（1）接对方第二次发球时，可攻击对方中路后随球上网。

（2）接发球时采用强力上旋击球。

（3）在接发球时设法将发球者置于防守的境地。

（三）应对防守型选手的战术

如果与一名纯防守型选手比赛，这正是学习改善自己战术效果的最好时机。此时在战术上应首先考虑以下几点：

1. 进攻

正如接发球后进攻战术一样，增加自己发球上网的频率，不断地攻击对方，迫使对手只能采用防守技术。进攻时，要有耐心，要选择具有攻击性的落点，并且用攻击对方中路以降低对方打大角度的机会。

2. 调整

寻找任何一次可以攻击对方的机会，并把战术交替而有效地运用。例如，有时可以固守底线；有时可以打一些弧度较高的球；或者有时可以用放小球来把对方调到网前，让对方拦网等。

第三节　双打战术

要取得双打比赛的胜利，制定合理的战术和与同伴间的密切配合是非常重要的，两位第一流的单打运动员未必是最理想的双打伙伴，因为他们往往会用单打战术来处理双打，其效果就不一定好。另外，特别要注意双打比赛时的站位方法，一般都要根据自身的特长和搭档的特点来站位：首先是双上网；其次是两人同在底线；再次是一前一后站位（这种站位只有当对方也是前后站立时才可行）。

通常把双打战术分为：发球局战术与接发球局战术两种。

一、发球局战术

双打中的发球局与单打中的发球局一样，是直接对对方实施进攻并以发球为龙头带动网前及抢网战术的运用，发球局战术包括：发球上网战术、发球上网抢网战术、澳大利亚式网前战术。

（一）发球上网战术

双打比赛因为是两人均衡站位，因此第一发球的成功率非常重要。一般一发用80％的力量发出平击球或侧旋、上旋等不同旋转的球，以此提高命中率，然后快速向网前迈进；第二发球也要利用旋转和落点的变化来为上网创造条件，上网后的中场第一拦网截击球要平而深或角度大，如起高球则对方网前同伴将会高压抢网，见图9-20～图9-21。

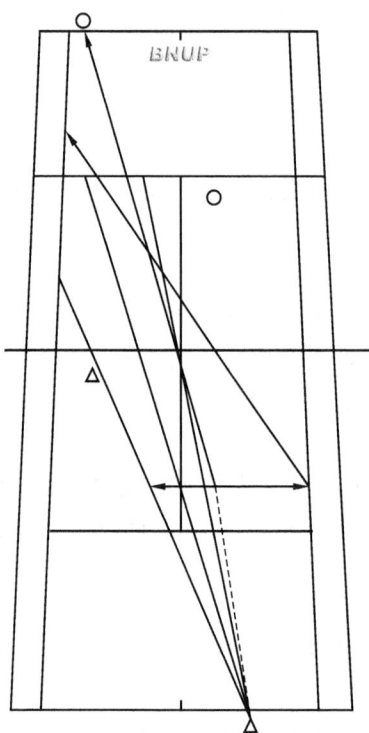

图 9-20　发球上网一　　　　　　图 9-21　发球上网二

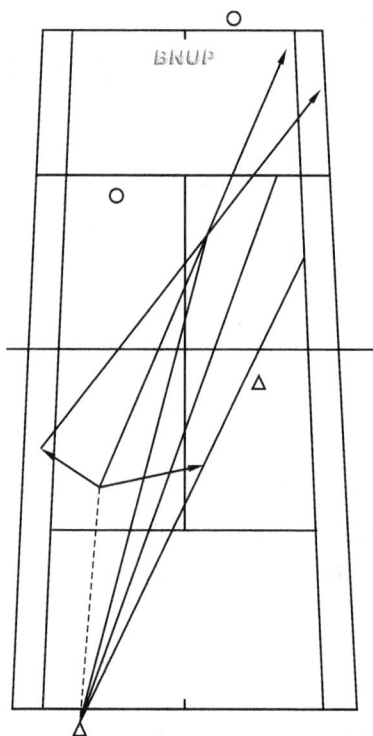

（二）发球上网抢网战术

运用抢网战术首先网前同伴可以在背后做手势，告诉发球运动员应发什么落点，抢与不抢，采取此战术可以干扰对方接发球，为发球上网网前得分及抢网得分创造条件。其次要强调发球运动员的发球质量、成功率和落点的变化，见图9-22～图9-23。

（三）澳大利亚式网前战术

澳大利亚式网前战术能起到破坏对方接发球节奏的作用，为发球上网网前截击和抢网得分创造有利条件。运用这一战术时，同伴的站位要靠近中线，随时准备移动抢网，但是在发球前要给发球运动员明确的手势，告知发球落点和抢与不抢；另外发球员的第一发命中率要高，这样战术才能得到充分的运用，见图9-24～图9-26。

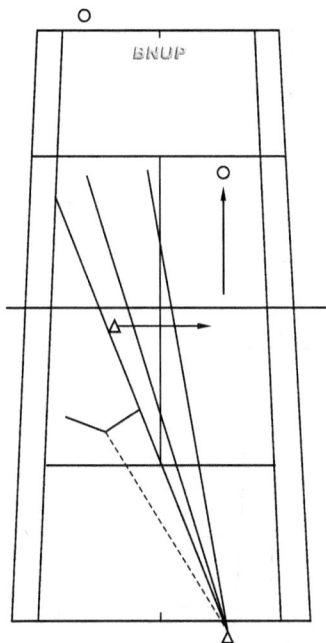

图 9-22　澳大利亚式网前战术一

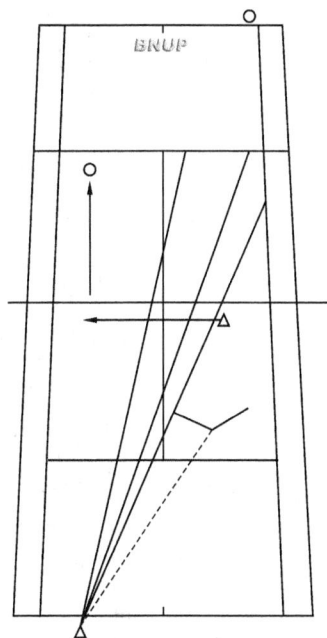

图 9-23　澳大利亚式网前战术二

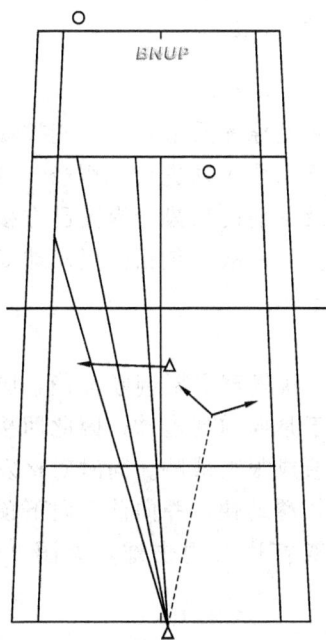

图 9-24　澳大利亚式网前战术三

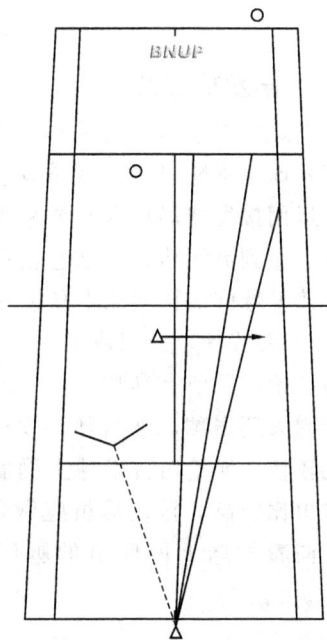

图 9-25　澳大利亚式网前战术四

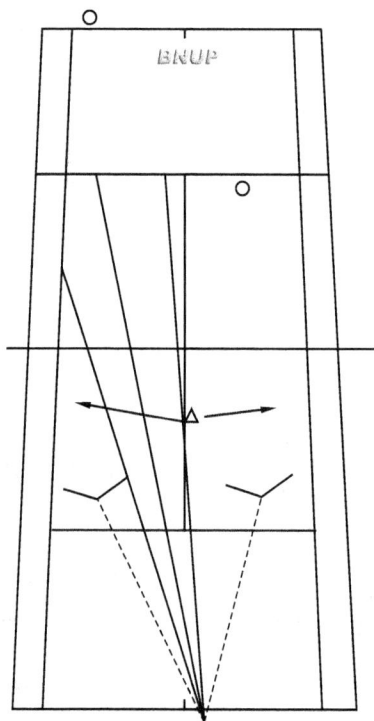

图 9-26　澳大利亚式网前战术五

二、接发球局战术

接发球局战术运用的成功与否，取决于接发球的质量，为了变被动为主动，接发球时不能只在底线被动挨打，而是要采取主动进攻，积极上网的战术。在运用接发球局战术时要根据对方发球及网前的攻势，提高己方接发球的质量，做到灵活机动，防止乱打乱冲。接发球局战术包括：接发球双上网战术、接发球网前抢网战术和接发球双底线战术。

（一）接发球双上网战术

为了抢占网前有利位置，当对方发球时，接发球员要判断准确，应向前到底线内去还击球，然后随接发球上网。由于是向前迎击球，因此回接球的速度比较快，能给对方发球上网截击或抢网造成很大威胁。同时对接发球员的要求也比较高，接发球员应做到判断准确，移动快，并向前、向下顶压式击球，向着发球上网队员的脚底下或斜线双打边线内击球，见图 9-27 和图 9-28。

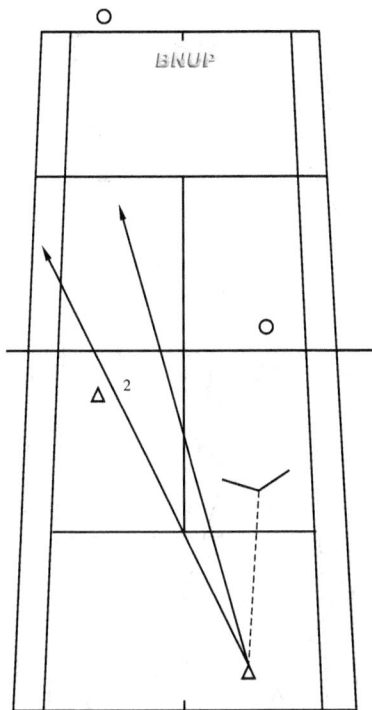

图 9-27　接发球双上网一　　　　　　图 9-28　接发球双上网二

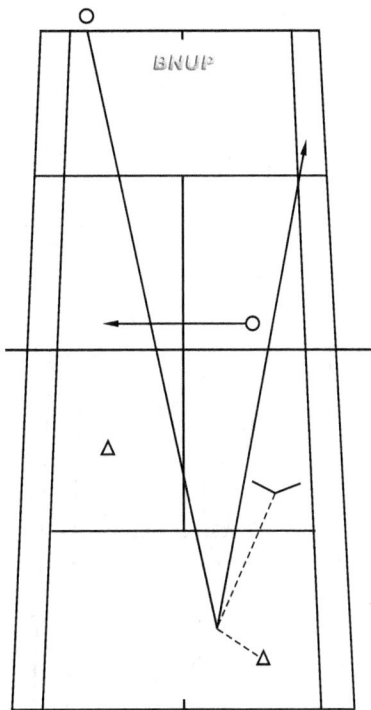

（二）接发球抢网战术

在高水平的双打比赛中，接发球抢网战术经常被运用，此战术的运用能使对方发球上网者增加中场截击球的心理负担而造成回球失误或回球质量不高。在运用此战术时，接发球员与同伴要配合密切，当接发球员接了一个质量高的低平球，对方发球上网运动员中场拦出一个质量不高的球时，应立即移动抢网，给对方致命一击，而接发球运动员发现同伴抢网，也应立即补位，防止对方截击直线球。接发球员的同伴队员不要移动过早，以免被对方发现而击直线穿越球，见图 9-29。

（三）接发球双底线战术

在双打比赛中，如对方发球很有威胁，网前又非常活跃，为了破坏对方快速进攻的节奏，可采用接发球双底线的战术。由于两人都退至底线，使对方网前截击产生一定的心理压力，不能马上得分。因此，对接发球运动员来说，首先应注意接发球的成功率，然后再寻找机会进行反击，破网穿越要打得凶狠，以破中路和两边小斜角为主并结合挑上旋过顶高球，见图 9-30。

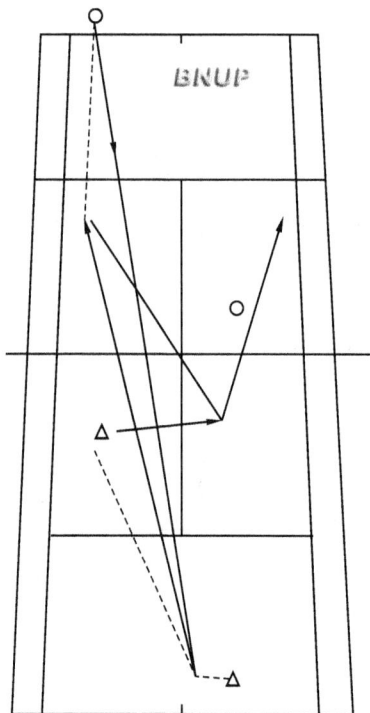

图 9-29 接发球抢网战术

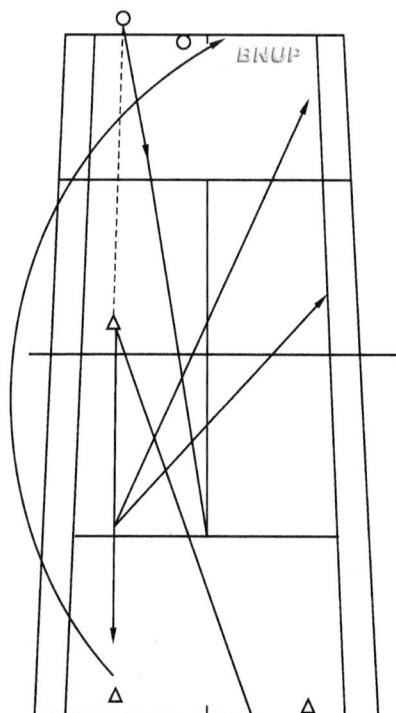

图 9-30 接发球双底线战术

>>> **练习与思考**

1. 简述现代网球战术的特征。

2. 单打比赛有哪些战术？简述上网型打法战术。

3. 双打比赛有哪些战术？简述接发球局战术中的接发球抢网战术。

第十章　网球场地器材与装备

本章要点

本章共两节，介绍了网球场地器材的规格，网球的配套装备等知识。

第一节　网球场地器材的规格

一、球拍

网球拍有木质球拍、铝合金球拍、钢质球拍和复合物（尼龙、碳素）球拍。各种材质的球拍都有其优、缺点，从事网球运动者，应根据自己的技术水平、身体素质、年龄、性别、经济状况等条件去选择合适的球拍。

目前，从事网球运动者选择铝合金和碳素材质的球拍居多，虽然木质网球拍对落地击球有较好的控制力，但因其通过空气的速度比金属拍稍慢，目前较少被选用。碳素网球拍既有速度又有控制力，但价格较贵。铝合金拍虽然控制力较碳素差，但价格便宜，适合初学者和一般网球爱好者。

在选择球拍时，适合本人使用的球拍拍柄粗细的尺寸，大约等于本人的中指指尖到手掌第二掌线的长度，见图 10-1。或者用正确的握法握拍时，拇指和食指的指尖正好斜对在一起。网球拍上有重量标志，见表 10-1。

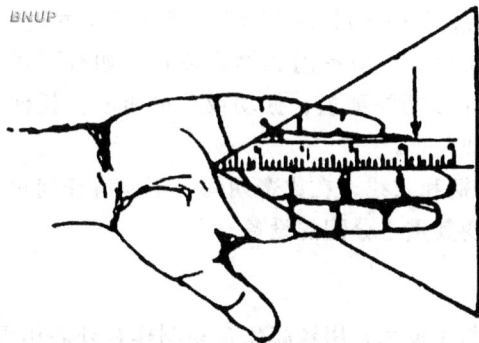

图 10-1

表 10-1　网球拍重量表

重量标志	实际重量		型　号
	盎司	克数	
L	<13	369	轻型
LM	13～13.5	369～383	中轻型
M	13.5～14	383～397	中型
T	>14	397	重型

由于拍面整体或半径不同，又可分为小型拍头球拍、中型拍头球拍和大型拍头球拍。在选择球拍时，要根据自己力量的大小、握拍击球的感觉、自己的习惯等特点选择合适的球拍。运动员的技术水平不同，打法不一，选择球拍的标准也不一样。一般来讲，力量型的球员要选择拍架坚固的球拍；技巧型球员要选择弹性较大的球拍；底线型球员最好用中型拍头球拍；上网型选手最好用大型拍头球拍；身材较矮、速度较慢的选手，可选择加长拍柄的球拍，这样可以扩大击球范围，增强击球时的力度。

对于初学者来说，由于对高速运行的网球不太适应，对球的性能和线路把握不准，建议使用大拍面网球拍，以提高击球准确性和练习兴趣。以后则要根据技能提高的程度和自己的感觉做适当调整；希望体力与技术并进的人，应避免选择重球拍；如果考虑易于操作，可选择使用轻拍。任何材质的球拍均可用于比赛，但球拍如不符合下列规格则不得在比赛中使用：

（1）球拍的击球面必须是平的，由弦线上下交替编织或联结组成，其组成格式完全一致。每条弦线必须与拍框连结，特别是穿线后其中心密度不能小于其他任何区域密度

（2）拍框和拍柄的总长不得超过 73.66 厘米（29 英寸），拍框的总宽度不得超过 31.75 厘米（12.5 英寸）。拍框内穿弦平面的总长度不得超过 39.37 厘米（15.5 英寸），总宽不得超过 29.21 厘米（11.5 英寸）。

（3）拍框包括拍柄，不应有附属物或装置，如有附属物或装置，只限用以限制或防止拍框和拍柄的磨损、振动或分散重心。任何附属物或装置，其大小和布置必须合理。

（四）拍框、拍柄和弦线，在比赛期间，不应有任何可使运动员实质上改变其球拍形状或改变其重心分配的设备。

二、球

比赛用球为白色或黄色，用橡胶化合物制作，外表用毛质纤维均匀覆盖，接缝处没有缝线。

球的直径为 6.35～6.67 厘米，重量是 56.7～58.5 克。球的弹力为：2.54 米的高度处自由落下时，能在混凝土地面上弹起 1.35～1.47 米；气温在 20℃（68°F）时，如果在球上加压 8.165 千克时，推进变形应大于 0.559 厘米，小于 0.737 厘米，复原变形应大于 0.800 厘米，小于 1.080 厘米。这两种变形值是对球的三个轴方向所施的试验后读数的平均值。在每一种情况下任何两个数据之间的差异不得超过 0.076 厘米。

在海拔 1219 米以上的地方比赛时，可以使用另外两种球。第一种球落地后弹起高度应大于 121.92 厘米，小于 134.62 厘米，其他规格同上所述，其球内压力应大于外界压力，这种球通常称之为"有压球"。第二种球落地后弹起的高度应大于 134.62 厘米，小于 147.32 厘米，其他规格也同上所述，其球内压力几乎和外界压力相同，并且已置于特殊比赛的气压下有 60 天或更长时间，这种球通常称之为"零压球"或"无压球"。

三、网球场地

（一）网球场地的种类

软场地有草地、沙土地、土地、人造草地。硬场地有水泥地、柏油地、地板地、涂塑合成硬地等。目前国际网球比赛使用的场地有三种：草地、沙土地和硬地

1. 草地

天然草地球场是历史最悠久，最具传统意味的一种场地。由于其对草的特质、规格要求极高，而适宜的草籽又不具备良好的适应性，加之气候的限制以及其需要周到、细致的保养与维护，费用最昂贵。天然草地球场的特点是球落地时与地面的摩擦小，球的反弹速度快，对球员的反应、灵敏、奔跑速度、奔跑技巧等要求非常高。温布尔登网球比赛用的是草地球场。

2. 沙土地

沙地球场的表面铺有一层细沙或砖末，虽然造价比较低，但保养和维护起来却相当麻烦，平时需要浇水、拉平、画线、扫线，雨天过后需要修整、滚压等。球落地时与地面摩擦较大，沙土地球场的特点是球速比较慢，球员在跑动中含有滑场等特有动作，对球员身体自控能力要求很高。法国网球公开赛用的就是沙土地球场。

3. 硬地

硬地网球场一般由水泥和沥青铺垫而成，易于清扫和维护，球场表面是涂上塑料化合物或橡胶涂料，平整而硬度高，球的弹跳非常有规律，反弹适度也很快，硬地球场因其地质较硬，反作用力很强，所以初学者很容易受伤，应加强膝、踝关节的保护。美国、澳大利亚公开赛用的是硬地球场。

（二）网球场地规格

网球场地为长方形，单打场地与双打场地规格有所不同，但球网中间高度均为 0.914 米；网柱高为 1.07 米；除端线宽为 10 厘米外，其他各线均为 5 厘米。单打、双打场地规格见图 10-2 和图 10-3。

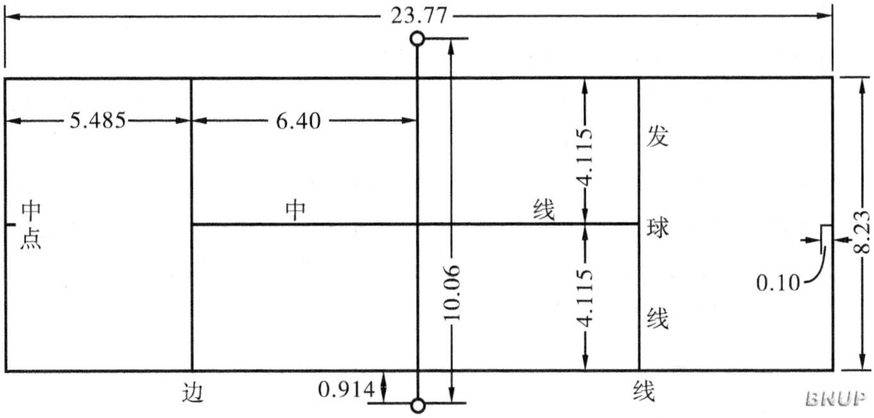

图 10-2　单打网球场地平面图（单位：m）

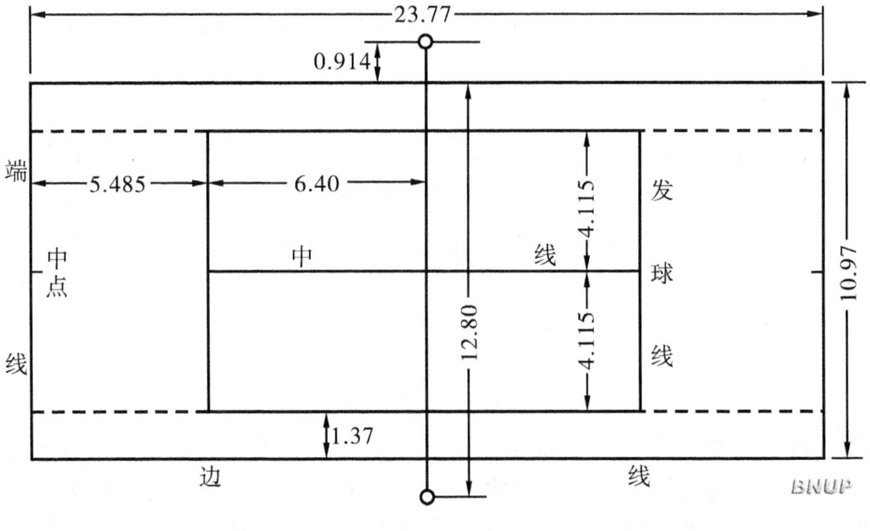

图 10-3　双打网球场地平面图（单位：m）

注：网球场每条端线后面空地的距离不能少于 6.4 米，两边线空地的距离不得少于 3.66 米。

四、场地固定物

（一）球网与网柱

球网是用棉绒线绳（粗 0.3～0.4 厘米）编结而成，为绿色或黑色。网孔大小以不让球穿过为准。球网上沿应有5～6.3厘米的白帆布包缝布带，用直径不超过0.8厘米的绳或钢丝绳穿起来。球网两端悬挂在直径不超过15厘米的正方形网柱顶端。网柱高度应使网绳或钢丝绳的顶部距地面1.07米。一侧网柱应装有可调节球网松紧的紧网器。球网的下沿与地面接触，两端与网柱底部连结，使球网充分展开，并完全填满两网柱之间的空隙。单打与双打兼用的场地，在进行单打比赛时，须在单打场地边线的外沿0.94米处支撑两根单打支柱。单打场地球网支柱的直径或边长不得超过7.5厘米。

（二）中心带

中心带是检查球网高度的标志带，是一条不超过5厘米的白色布带，位于球网的中间，应绷紧并与地面连结。

（三）裁判员座椅

裁判人员座椅可以是固定的，也可以是可移动的。其位置至少应距球场端线6.40米，边线3.06米。主裁判座椅的高度为1.82～2.44米，主裁判椅的中心点应距网柱0.9米。司线员的座椅应在其对应的线靠近挡网处或离边线3.7米处。

（四）挡网

网球场四周的挡网，用以阻挡球向远区飞出，方便球场的养护。挡网的高度一般在3.5～4米，挡网至少距球场端线以外8米，距边线以外6米，两球场邻近的边线相距至少5米。

第二节　网球的配套装备

参加网球运动，只有网球拍是远远不够的，还要有许多配套装备做支持，这些配套装备，它们不仅是区别高手与普通爱好者的标志，也直接影响着打球时的情绪状态。

一、网弦

服务于网球拍的辅助用品主要是网弦，它被称为网球的发动机，材料有天然肠线和尼龙线之分，前者控制性及反弹性都出色，球感较好，只是价格较高，国际优秀品牌的网弦每根线的价格在600元左右，使用时又较容易断裂，普通消费者很难承受。尼龙弦线是一种价格便宜、适用的网弦，它适合于广大的网球爱好者和普通的网球选手。每只网球拍对网弦张力都有要求，线的松紧度与击球力度、速度有关。一般选手的网弦拉力都在58～62磅（26.31～28.12千克）。

二、拍柄布

专业公司生产的拍柄布针对不同使用者可分为：绒毛的，其吸水能力强，适合出汗多的选手和高温天气时使用；黏性强的，适合手干易打滑的选手或气候干燥时使用。条纹状表面的拍柄布摩擦力较大，多孔型透气性能好。选手可根据自己的情况选择相应的拍柄布。

三、减震器

减震器是一种安装在拍面底部网弦上的用于减小击球时球拍震动力量的缓冲装置。它一般分为颗粒状和条形两类，其中条形减震器效果相对好一些。

四、拍框护皮

拍框护皮是一种安装在拍框的拍头部位能防止球拍与地面摩擦，增加拍头重量，令击球时省力的装置。

五、固定胶粒

固定胶粒是一种网弦保护用品，它能防止网线滑动，避免由于摩擦产生热量对网弦寿命的影响。

六、网球背袋

参加网球运动最好有一只大背袋，背袋以单肩为主，有三层以上隔断，可以容纳包括网球拍在内的几乎所有用品。专业选手的网球背袋中一般带有两只以上网球拍，最多时可带 6 只网球拍。

七、网球服装

网球服装是网球爱好者的另一项主要投资。舒适方便是网球服装的第一要求。网球衫分为传统、休闲和前卫三类。传统网球衫一定是白色、翻领、短袖，身两侧有开叉，前襟的长度比后部略短；休闲式则是在传统白色基础上有一些花色变化，领口可为圆领或加拉链，其他部分基本不加改动；前卫式则强调个性，花纹艳丽夺目。女士打网球多穿网球裙，裙裾飘洒处虽少了些温婉却更显示青春动感、活力，难怪有许多小女孩从不打网球却难舍对网球裙的依恋。网球裙有多褶、搭片和裙裤等几种式样，初练者宜选择裙裤，但不要忘记，无论穿哪种一定要配一条白色平角短裤。

八、网球鞋

穿网球鞋首先要确保脚尖不会感到紧缩或压迫，其次要考虑自己脚弓的高低，接下来重要的就是挑选适合比赛球场表面的鞋底。在红土和垫沙土的人工草皮场地打球宜挑选凹凸多、摩擦力大的鞋底，而在室内或硬地场上打球则应选择较平滑、凹凸少的鞋底。若在几种不同的场地上运动，就要多准备几双不同类型的球鞋。如果经济条件不允许，也可用"万能鞋底型"球鞋应付各种场地。

九、其他装备

除去必须装备外，还有一些小件用品可供网球爱好者选择：网球帽用于遮阳，在比赛场上并不常见，练习时却大有必要；发带兼有管束头发和吸汗的双重作用，其装饰效果也不容忽视；在护腕的有效保护下，长时间运动不易产生疲劳感或运动损伤；另外，还有一种"包头布"是较流行的饰物，它将头部完全包裹，网坛名将阿加西使用最频繁。

>>> 练习与思考

1. 简述三种网球场地的特点。
2. 简述参加网球运动所必备的用品及其要求。

第十一章 网球比赛的主要规则及裁判法

本章要点

本章共两节，介绍了网球比赛的基本规则、网球比赛的主要裁判方法等知识。

网球比赛的正式比赛项目分为 7 项：男子团体、女子团体、男子单打、女子单打、男子双打、女子双打和男女混合双打。每场比赛男子一般采用五盘三胜制，女子采用三盘二胜制。戴维斯杯和"四大网球公开赛"的男子比赛均采用五盘三胜制。

第一节 网球比赛的基本规则

网球比赛时，运动员各占半个场区，发球一方先在端线中点的右区发球，将球发到对方的右发球区内为有效发球。每 1 分有两次发球机会，第一次发球出界或下网为一次失误，第二次发球再发失误为双误，失 1 分。第 2 分换在左区发球，第 3 分再回到右区，如此轮换，直到本局结束。下一局改由对方发球。第一、三、五、七、九等单数局交换场地。每次发球为有效球后，双方来回击球，可在空中还击，也可落地一次后还击。一局比赛中，先胜 4 分的一方获得一局比赛的胜利。

一、发球前

发球员应站在端线后，中心标志和边线的假定延长线之间的区域里，用手将球向空中抛起，在球接触地面前用拍击球。

二、发球时

发球员在整个动作中不能通过走或跑改变原站的位置；两脚只准站在规定的位置内，不得触及其他区域。发出的球应从网上越过，落在对角的对方发球区内或其周围的线上。

三、发球员的位置

每局开始先从右区端线后发球，得或失 1 分后，应换到左区发球。为了便于记忆站位可以这样讲，当双方比分之和为偶数时应在右区端线后发球，而当双方比分之和为奇数时则在左区端线后发球。

四、出现以下情况为发球失误

违反上述发球站位的规定，未击中球，发出的球落地前触及固定物（球网、中心带和网边白布除外）或落在发球区外的任何地方。发球员第一次发球失误后，应在原发球位置进行第二次发球。

五、出现以下情况为发球无效

发球触网后仍然落到对方发球区内，接球员未做好接球准备和出现规则规定的其他干扰情况，发球无效均应重发球。

六、交换发球

第一局比赛结束，接发球员换为发球员，发球员成为接发球员。以后每局终了，均依次交换，直至比赛结束。在进行决胜局（抢 7 分）的比赛时，先发球方在第 1 分结束后应交换发球，以后比赛双方运动员在每发两分球后应进行交换发球权。

七、交换场地

双方应在每盘的第一、三、五、七等单数局结束后，以及每盘结束后双方局数之和为单数时或决胜局比分相加为 6 和 6 的倍数时，交换场地。

八、失分

发生下列任何一种情况，均判为失分：

（1）在球第二次着地前未能还击过网。

（2）还击的球触及对方场区界线以外的地面、固定物或其他物件。

（3）还击空中球失败（站在场外击空中球失败也算失分）。

（4）故意用球拍触球超过一次。

（5）"活球"期间运动员的身体、球拍（不论是否握在手中）或穿戴的其他物件触及球网、网柱、单打支柱、绳或钢丝绳、中心带、网边白布或对方场区以内的地面。

（6）过网击球。

（7）抛拍击球。

九、压线球

落在线上的球都算界内球。

十、双打发球次序

每盘第一局开始时，由发球方决定由何人首先发球，对方则同样在第二局开始时决定由何人首先发球；第三局由第一局发球方的另一球员发球；第四局由第二局发球方的另一球员发球。以后各局均按此顺序发球。

十一、发球次序错误

发球次序错误，应在发觉时立即纠正。但已得的分数或已造成的失误都有效。如发觉时全局已经终了，此后发球次序就以该局为准轮流发球。

十二、双打接球次序

先接球的一方，应在第一局开始时，决定何人先接发球，并在这盘单数局继续先接发球。他的同伴应在每局轮流接发球。

十三、接球次序错误

接球次序错误发觉后，仍按已错误的次序进行，等到下一接球局再行纠正。

十四、发球触及队员

发出的球触及同队队员或他穿戴的物件时，都算失误。发出的球，在着地前触及接球员的同伴或他穿戴的物件时，应判发球方得分。

十五、网球场空地

网球场有沙地、硬地（塑胶、水泥、沥青地等）和草地等，无论哪种质地的网球场，其四周均应留有空地，端线外至少有 6.40 米，边线外至少3.66 米。

十六、计分

网球每场比赛（match）分为盘（set）、局（game）和分（point）。无论是发球或接球方胜，都得一分，胜四分为一局，胜六局为一盘。

（一）胜一分

每次有效发球后计一分。当对方球员碰不上球；或击球前让球在地上弹跳了两次；或击球落网；或击出的球出了场区时，则为己方队员胜一分。每一分中，发球员有两次发球机会（允许有一次发球失误）。第一次发球失误后可以进行第二次发球，站在原发球位置，再次失误便算失分。

（二）胜一局

首先得四分并领先两分者胜一局，但遇上双方各得三分时，则为"平分"（deuce）。"平分"后，一方先得一分为"接球占先"或"发球占先"。"占先"

后再得一分，就胜一局。若一方"占先"后对方又得一分，则仍然为"平分"。依此类推，直到一方在"平分"后净胜两分，该局才结束。

每局开始发球时，发球员应先从右侧端线后发球。得（失）一分后，换到左区发球，这样轮流交换发球位置，直至该局结束。一局完，则接球员成为发球员，发球员成为接球员，依次互相交换直至比赛结束。

双方在每盘第一、三、五、七等单数局结束时交换场地。在国际比赛中全部采用英文报分，第一分称为 fifteen（15）；第二分称为 thirty（30）；第三分称为 forty（40）；零分称为 love（0）。每一局每一个运动员均从 0 开始。

（三）胜一盘

一方先胜六局并领先两局为胜一盘。但遇上双方各得五局时，有两种计分方法：

1. 长盘制

局数五平之后，须一方净胜两局才算胜一盘。

2. 决胜局计分制（tie-break）

决胜局计分制必须在比赛前宣布才有效。当局比分为六比六时，第十三局为决胜局。决胜局计分制采用先得七分者胜该局及该盘。若分数成六平，则比赛延长至一方净胜两分为止。在英文报分时，决胜局报分为：zero（0）；one（1）；two（2）；three（3）；与中文报分相同。决胜局中，轮及发球的球员发第一分球，然后由对方在左、右区分别发第二、第三分球；再轮到己方在左、右区分别发第四、第五分球，如此交替发球，至该局结束。双方运动员在决胜局中每累积满六分时交换场地。

第二节　网球比赛的主要裁判方法

一、裁判长的职责

裁判长应由竞赛委员会推选，裁判长的名字应由竞赛委员会发布公告通知参加比赛的各单位。裁判长不应是官员，但应是竞赛委员会的成员。

裁判长必须精通规则和实施运用规则，要能迅速做出决定，并对其所采取的行动负完全责任。

裁判长有权指定或更换裁判员、司线员、端线裁判员和网上裁判员。如果一场未进行完的比赛需要重赛，裁判长可以在征得比赛双方的同意后，做出仲裁或继续比赛的决定。

裁判长有权指定比赛的场地，有权决定请假运动员在限定日期比赛。裁判长有权决定无故不出场比赛的运动员和经过点名而不准备出场比赛的运动员为负方。

由于天黑或场地、气候等条件的原因，裁判长可以随时决定延期比赛。当裁判员表示自己不能裁决时，或当裁判长被要求对裁判员的裁决做出仲裁时，裁判长可以根据规则条文决定任何得分。裁判长的决定是终决。

当进行一场重要比赛或决赛时，裁判长必须亲临现场，最好是坐在裁判椅旁边。他应当与比赛中发生的任何事情保持密切联系，如果运动员要求明确某些事实时，他就能以此作为判决问题的依据。裁判长无权纠正裁判员、司线员、端线裁判员或网上裁判员根据实际情况做出的判决。

二、主裁判员的职责及裁判方法

（一）比赛开始前检查球网和支柱的高度是否合乎标准。如果运动员提出请求，裁判员可以在比赛期间测量和调整网高

（二）宣报"发球失误、重发球、出界、击球犯规、脚误和两跳"，以及除授权给司线员、脚下犯规裁判员和网上裁判员以外的判罚。亦可重复其判决，击球犯规或两跳只能由主裁判员来判罚

（三）先在记分表上登记胜方的得分，然后在运动员请求报分时亦可报分

（四）每一局和每一盘比赛结束应报局数分和盘数分，或运动员请求报局数分和盘数分时亦可报分，并登记在记录表上。在报盘数分时，先报该场比赛获胜者的局数分

（五）当运动员在对打过程中请求对某一个疑难球表明是否在"赛场"之内时，裁判员应根据实际情况做出"好球""出界""失误""重发球""双跳""击球犯规"或"穿孔球"等判定

（六）如果运动员对司线员的判决有怀疑或有争执，则裁判员应做出得分的判决；如果运动员向裁判员提出申诉，则裁判员应按规则规定做出得分判决

（七）裁判员应根据裁判长和竞赛委员会关于用球规定的决定使用新球，在特殊情况下需用新球或需要更换球时，应得到裁判长的同意

如果运动员在球落地第一跳后没有及时击到球，应宣报"双跳"。如果发球擦网，且按规则规定该球应重发，这时网上裁判员应宣报重发球。如果司线员人数不多，则裁判员应担负判定各线的失误和出界工作等。如果没有设脚误裁判员，则裁判员应负责判定。在运动员休息结束返回球场时，裁判员应看一下司线员是否就位，比赛运动员是否位于球场上所应该站立的方位，发球员的位置是否正确。

比赛中，如果遇到运动员不理智的情况，裁判员认为有必要的话，可以暂停比赛，但是要小心谨慎地予以处理此类事情。

（八）裁判术语

正确的裁判术语主要有以下几种：失误、双误、重发球、脚误、出界、击球犯规（在比赛中运动员技术犯规）、双跳、穿孔球（网上裁判员应行使的职责）、视线被遮。

（九）报分

15 比 0；0 比 15；15 比 15；30 比 15；15 比 30；30 比 30；40 比 30；30 比 40；平分；发球占先；接球占先；一局结束。

三、司线员的职责及裁判方法

司线员的职责是报发球失误和出界，判决他所看管的那条线上的击球，并有最后决定权。如有一分球司线员不能做决定时，裁判员应予判决，或令这一分球重发。

如果球落点在界内，司线员的双手在体前下举；如果球落点在界外，则双手侧平举，高声呼报"界外"。

四、脚误裁判员的职责及裁判方法

脚误裁判员应正对端线而坐，发球时他可以从一边换到另一边。不得和端线司线员谈话。

>>> **练习与思考**

1. 简述网球比赛中的盘数、局数、分数。
2. 网球比赛项目分为哪几项？

参 考 文 献

1. 彭美丽，许声宏 . 羽毛球专修课教材 . 北京：北京体育大学出版社，1998

2. 王文教 . 羽毛球 . 北京：人民体育出版社，1995

3. 乌尔里希·菲舍尔 . 羽毛球教学 . 北京：北京体育大学出版社，2005

4. 彭美丽 . 羽毛球技巧图解 . 北京：北京体育大学出版社，2001

5. 郭立亚 . 网球 . 重庆：西南师范大学出版社，2003

6. 陶志翔 . 网球 . 北京：北京体育大学出版社，1999

7. 宋强 . 网球全能技术图解 . 北京：北京体育大学出版社，2003

8. 王捷 . 网球入门 . 合肥：安徽科学技术出版社，2006